D1142863

¿POR QUÉ CAEN LOS IMPERIOS?

PETER
HEATHER

JOHN
RAPLEY

¿POR QUÉ CAEN LOS IMPERIOS?

ROMA, ESTADOS UNIDOS Y EL FUTURO DE OCCIDENTE

DESPERTA FERRO

EDICIONES

¿Por qué caen los imperios?
Heather, Peter y Rapley, John
¿Por qué caen los imperios? / Heather, Peter y Rapley, John [traducción de Javier Romero Muñoz].
Madrid: Desperta Ferro Ediciones, 2023 – 224 p. ; 23,5 cm – (Siglo XXI) – 1.ª ed.
D. L: M-28557-2023
ISBN: 978-84-127166-6-5
94(37) (73)
32 (4+7) 321.308; 342

¿POR QUÉ CAEN LOS IMPERIOS?
Roma, Estados Unidos y el futuro de Occidente
Peter Heather y John Rapley

First published as Why Empires Fall *in 2023 by Allen Lane, an imprint of Penguin Press. Penguin Press is part of the Penguin Random House group of companies.*
Publicado por primera vez como *Why Empires Fall* en 2023 por Allen Lane, un sello de Penguin Press. Penguin Press es parte del grupo de empresas Penguin Random House.
Todos los derechos reservados

Copyright © Peter Heather and John Rapley, 2023
ISBN: 978-0-241-40749-3

© de esta edición:
¿Por qué caen los imperios?
Desperta Ferro Ediciones SLNE
Paseo del Prado, 12, 1.º dcha.
28014 Madrid
www.despertaferro-ediciones.com

ISBN: 978-84-127166-6-5
D.L.: M-28557-2023

Traducción: Javier Romero Muñoz
Revisión técnica: Óscar González Camaño
Diseño y maquetación: Raúl Clavijo Hernández
Coordinación editorial: Óscar González Camaño y Mónica Santos del Hierro

Primera edición: noviembre 2023

Cualquier forma de reproducción, distribución, comunicación pública o transformación de esta obra solo puede ser realizada con la autorización de sus titulares, salvo excepción prevista por la ley. Diríjase a CEDRO (Centro Español de Derechos Reprográficos) si necesita reproducir algún fragmento de esta obra (www.conlicencia.com; 91 702 19 70 / 93 272 04 47).

Todos los derechos reservados © 2023 Desperta Ferro Ediciones. Queda expresamente prohibida la reproducción, adaptación o modificación total y/o parcial de esta obra por cualquier medio o procedimiento ya sea físico o digital, sin autorización escrita de los titulares del Copyright, bajo sanciones establecidas en las leyes.

Impreso por: Anzos

Impreso y encuadernado en España – *Printed and bound in Spain*

Índice

MAPAS

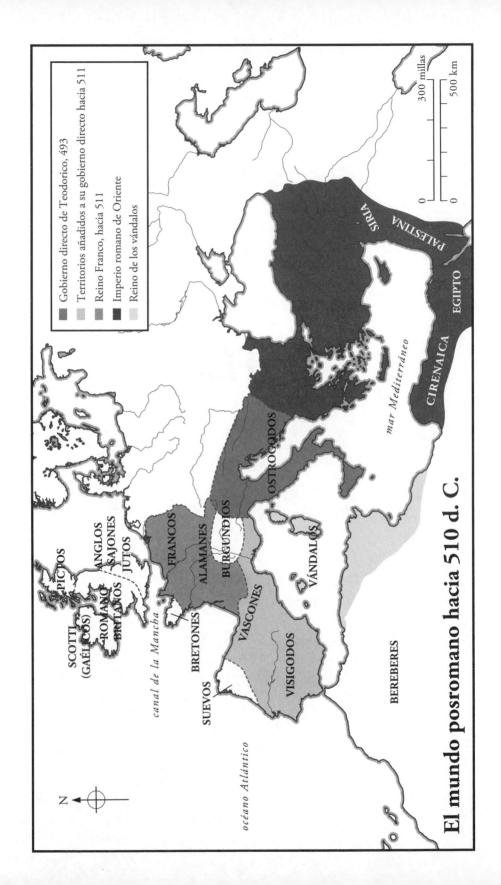

El mundo posromano hacia 510 d. C.

Gobierno directo de Teodorico, 493

Territorios añadidos a su gobierno directo hacia 511

Reino Franco, hacia 511

Imperio romano de Oriente

Reino de los vándalos

300 millas

500 km

SIRIA

PALESTINA

EGIPTO

CIRENAICA

mar Mediterráneo

OSTROGODOS

VÁNDALOS

FRANCOS

ALAMANES

BURGUNDIOS

VASCONES

SUEVOS

BRETONES

VISIGODOS

BEREBERES

canal de la Mancha

ANGLOS

SAJONES

JUTOS

PICTOS

ROMANO-BRITANOS

SCOTTI (GAÉLICOS)

océano Atlántico

N

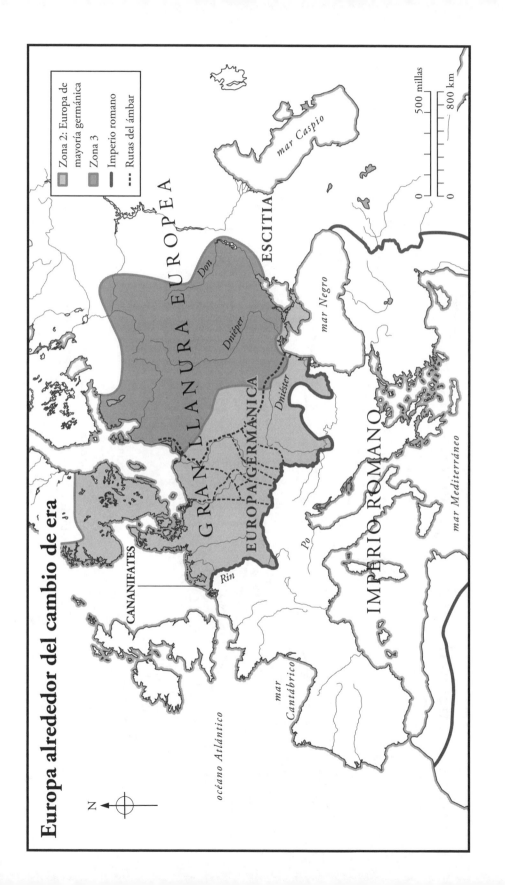

Europa alrededor del cambio de era

Zona 2: Europa de mayoría germánica
Zona 3
Imperio romano
Rutas del ámbar

500 millas
800 km

N

mar Caspio

GRAN LLANURA EUROPEA

ESCITIA

Don

Dniéper

Dniéster

mar Negro

EUROPA GERMÁNICA

IMPERIO ROMANO

CANANIFATES

Rin

Po

mar Mediterráneo

océano Atlántico

mar Cantábrico

Tres invasiones bárbaras del Bajo Imperio romano

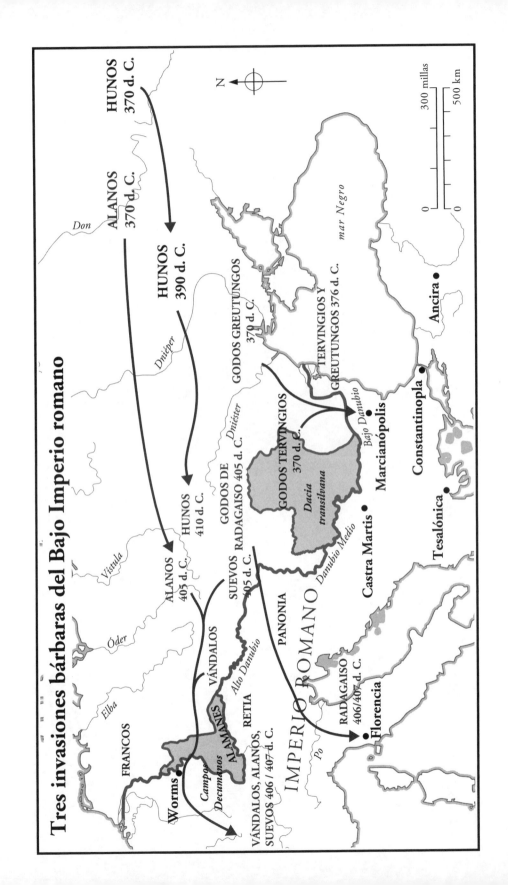

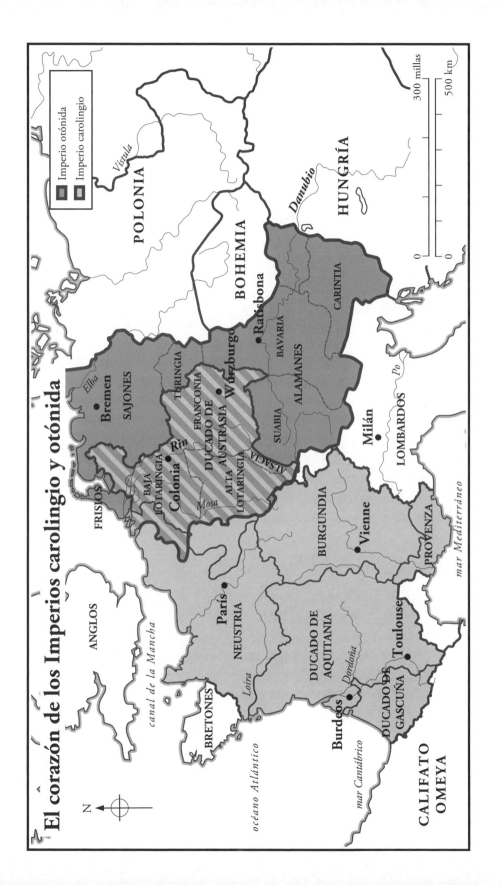

El corazón de los Imperios carolingio y otónida

Imperio otónida
Imperio carolingio

300 millas
500 km

POLONIA

Vístula

BOHEMIA

Danubio

HUNGRÍA

CARINTIA

Ratisbona

BAVARIA

ALAMANES

SUABIA

ALSACIA

Milán

LOMBARDOS

Po

Elba

Bremen

SAJONES

TURINGIA

FRANCONIA

Würzburgo

Rin

Colonia

BAJA LOTARINGIA

DUCADO DE AUSTRASIA

ALTA LOTARINGIA

Mosa

FRISIOS

ANGLOS

canal de la Mancha

BURGUNDIA

Vienne

PROVENZA

mar Mediterráneo

Paris

NEUSTRIA

Loira

BRETONES

DUCADO DE AQUITANIA

Dordoña

DUCADO DE GASCUÑA

Toulouse

Burdeos

mar Cantábrico

océano Atlántico

CALIFATO OMEYA

N

INTRODUCCIÓN

Siga al dinero

¿Puede Occidente volver a hacerse grande a sí mismo? ¿Debería siquiera intentarlo?

Entre 1800 y los inicios del presente milenio, Occidente se expandió y dominó el planeta. En el transcurso de esas dos centurias, pasó de ser uno más de una serie de actores iguales en una economía global emergente a generar más de ocho décimas partes de la producción mundial. Al mismo tiempo, los ingresos medios del mundo occidental, las economías desarrolladas de la Organización para la Cooperación y el Desarrollo Económicos (OCDE) de hoy, pasaron de ser más o menos iguales a las del resto de la humanidad a ser cincuenta veces mayores.

Esta dominación económica abrumadora facilitó una remodelación política, cultural, lingüística y social del planeta a imagen y semejanza de Occidente. Casi por doquier, el Estado nación, un producto de la evolución interna de Europa, se convirtió en el referente de la vida política y reemplazó a la diversidad inmensa de ciudades Estado, reinos, califatos, obispados, reinos de jeques, cacicazgos, imperios y regímenes feudales que, hasta entonces, habían proliferado por todo el globo. El inglés se convirtió en el idioma del comercio global y el francés (y más tarde de nuevo el inglés) en el de la diplomacia global. El mundo depositó sus reservas en los bancos occidentales y primero la libra y más tarde el dólar reemplazaron al oro como el lubricante del comercio entre las naciones. Las universidades occidentales devinieron las mecas de los aspirantes a intelectuales de todo el orbe y, hacia finales del siglo XX, el planeta se entretenía con películas de Hollywood y fútbol europeo.

Entonces, de repente, la historia dio marcha atrás.

Una vez que la Gran Recesión de 2008 se convirtió en el Gran Estancamiento, el porcentaje de la producción global de Occidente declinó del 80 al 60 por ciento y ha seguido cayendo, aunque con más lentitud, desde entonces. Los ingresos reales descendieron, se disparó el desempleo juvenil y los servicios públicos fueron erosionados por el espectacular aumento de la deuda, tanto pública como privada. Las dudas y la división interna reemplazaron la sólida autoconfianza de la década de 1990 en el discurso político liberal-democrático de Occidente. Al mismo tiempo, otros modelos, en particular la planificación central autoritaria del Estado chino, ganaron creciente influencia en el escenario mundial, reforzado por una economía china que, en el transcurso de cuatro décadas, tuvo una asombrosa media de crecimiento anual de sus ingresos per cápita de más del 8 por ciento, lo cual significa que los ingresos reales de China se duplicaron cada década. ¿Por qué el equilibrio del poder mundial ha experimentado un giro tan espectacular contra Occidente? ¿Es un declive que puede revertirse o es una evolución natural a la que Occidente haría bien en adaptarse?

Esta no es la primera vez que el mundo ha sido testigo de un auge y caída espectacular. El ascenso de Roma hacia lo que en su época se consideraría una dominación global se inició en el siglo segundo antes de Cristo y su reinado duró casi quinientos años, hasta que se derrumbó durante las centurias centrales del primer milenio de nuestra era. Aunque esto ocurrió hace 1500 años, este libro sostiene que el fin de Roma nos ofrece todavía hoy importantes lecciones para el presente y recurre al Imperio romano, y al mundo que este engendró, para repensar la historia en evolución y la situación actual del Occidente contemporáneo. No somos los primeros en pensar que el destino de Roma tiene algo que enseñar al mundo moderno; no obstante, hasta el momento, este solo ha movilizado su historia para ofrecer un diagnóstico extremadamente

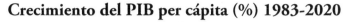

Crecimiento del PIB per cápita (%) 1983-2020

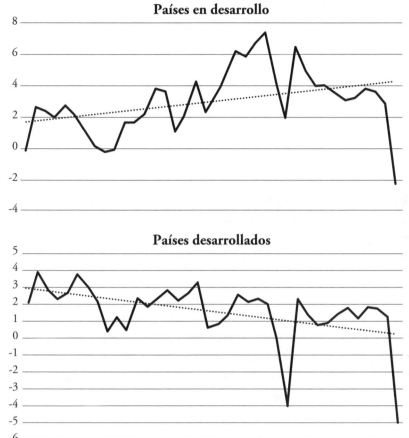

Fuente: Banco Mundial, Indicadores de desarrollo mundial.

prooccidental. Tal y como expresó el historiador Niall Ferguson en un artículo de gran repercusión mediática acerca de la masacre parisina de Bataclan en 2015, publicado en algunos de los principales diarios a ambos lados del Atlántico (en particular el *Sunday Times* y el *Boston Globe*), Europa, «con sus centros comerciales y sus estadios deportivos se ha tornado decadente», mientras permite entrar a «forasteros que codician su riqueza sin renunciar a su fe ancestral [...] al igual que el Imperio romano de principios del siglo V, Europa ha *consentido* (la cursiva es nuestra) que se derrumben sus murallas». Tal es, concluye Ferguson, «exactamente como caen las civilizaciones». Aquí se inspira en la célebre obra maestra de Edward Gibbon, *Decadencia y caída del Imperio romano*, que argumentó que Roma sufrió una lenta erosión interna una vez dejó de resistir a los forasteros –una extraña mezcla de cristianos y bárbaros godos, vándalos y otros– que habían empezado a prosperar dentro de sus fronteras. Como si padeciera un virus que debilitaba poco a poco las fuerzas del anfitrión en el que se introducía, el imperio decayó poco a poco desde su Edad de Oro hasta que llegó a un punto en que perdió toda voluntad de vivir. La perspectiva básica de Gibbon –esto es, que Roma tenía en sus manos su propio destino– sigue ejerciendo influencia en la actualidad y, para algunos, Ferguson entre ellos, la lección es evidente. El antídoto al declive imperial es controlar las fronteras, mantener fuera a los «extranjeros», erigir muros y reafirmar la fe ancestral, además de adoptar un nacionalismo más potente y revisar los tratados de comercio internacional.[1]

Por más poderosos que sean los tópicos manidos de los bárbaros invasores y la decadencia interna, lo cierto es que Gibbon escribió hace mucho tiempo; su primer volumen se publicó en 1776, el mismo año en que Estados Unidos se proclamó independiente. De igual modo, durante los dos siglos y medio transcurridos desde entonces, nuestras visiones de la historia de Roma han cambiado y nos ofrecen una perspectiva del todo diferente de la situación en la que Occidente se halla actualmente y de cómo será su probable evolución en las próximas décadas.

Una potencial historia romana revisada que contribuyera a una alternativa y descolonizada comprensión de la situación actual de Occidente quedó clara en una conversación entre ambos autores hace más de una década. Peter Heather es un historiador del mundo romano y posromano, con particular interés en cómo la vida en los confines de un imperio global transformó las sociedades situadas en su órbita. John Rapley es un economista político que investiga la experiencia sobre el terreno de la globalización en el moderno mundo en desarrollo. Tras una conversación que se prolongó durante toda una tarde, los dos vimos que habíamos llegado a conclusiones similares en relación con el desenlace de los muy diferentes imperios en los que trabajamos.

Lejos de determinar su propio futuro mediante decisiones y acontecimientos que tuvieron lugar dentro de sus propios confines, los dos considerábamos que, en lo fundamental, «nuestros» imperios empezaron a generar el fin de su propio dominio a causa de las transformaciones que desencadenaron en el mundo que los rodeaba. A pesar (y, a veces, a causa de) las profundas diferencias entre la Antigua Roma y el Occidente moderno, las dos historias se ilustran mutuamente. Existe un ciclo de vida imperial que comienza con el desarrollo económico. Los imperios empiezan a existir para generar nuevos flujos de riqueza para un núcleo imperial dominante, pero, al hacerlo, crean nueva riqueza tanto en las provincias conquistadas como en territorios más periféricos (tierras y pueblos que no están sometidos a colonización formal, pero que quedan sujetos a una relación económica de subordinación al núcleo desarrollado). Tales transformaciones económicas conllevan consecuencias políticas inevitables. Toda concentración o flujo de riqueza es un posible elemento constitutivo de un nuevo poder político para los actores que puedan explotarlo. Como consecuencia directa, el desarrollo económico a gran escala en la periferia inicia un proceso político que, con el tiempo, desafía el dominio de la potencia imperial que inició el ciclo.

Esta lógica económica y política es tan poderosa que hace inevitable un cierto grado de declive del viejo centro imperial. No es posible «hacer América grande de nuevo» (o el Reino Unido o la Unión Europea), porque el mismo ejercicio de la dominación occidental de los últimos siglos ha reorganizado las bases constituyentes del poder estratégico global sobre las que se asienta esa «grandeza». Esto también significa que los intentos desinformados de revertir dicho declive, al estilo de los que hemos visto en épocas recientes como la «América MAGA»* o el Reino Unido del Brexit, solo se arriesgan a acelerar y ahondar el proceso. Sin embargo, el resultado final no tiene por qué constituir un desmoronamiento catastrófico de la civilización con un declive económico absoluto y

---

* N. del T.: Siglas de Make America Great Again [Hacer América Grande de Nuevo], eslogan de la campaña política de Donald Trump para la campaña presidencial en 2016.

a gran escala, así como una dislocación general, sea social, política, e incluso cultural.

Como también recalca la historia del mundo romano, los imperios pueden responder al proceso de ajuste con toda una gama de medidas posibles, desde las profundamente destructivas a las mucho más creativas. El Occidente moderno está próximo al inicio de su proceso de ajuste; el mundo romano lo completó hace mucho tiempo y aquí, de nuevo, una comparación minuciosa nos ofrece importantes perspectivas. El verdadero significado de las trayectorias visibles de desarrollo hoy en Occidente –que, en la actualidad, están en un estadio relativamente temprano– pasa a primer plano cuando se comparan con los cambios a largo plazo observables en la evolución y descomposición del Imperio romano durante el medio milenio que siguió al nacimiento de Cristo.

Con el fin de explorar esta comparación en todo su potencial, este libro se divide en dos partes. La primera se vale de la historia de Roma para comprender el ascenso del Occidente moderno. Revela las sorprendentes semejanzas entre la evolución económica y política del mundo occidental de las últimas centurias y la del Imperio romano y analiza por qué su asombrosa dominación de la economía mundial ha experimentado un retroceso tan significativo y está abocada a seguir haciéndolo. No obstante, aunque el moderno desafío de la periferia en desarrollo está aún en una fase inicial, sí es posible explorar a fondo el papel del ascenso de la periferia en el debilitamiento del Imperio romano y en la generación de nuevos mundos durante la fase posterior al colapso imperial. Por tanto, la segunda parte adopta un enfoque ligeramente diferente: no es posible presentar en paralelo los dos relatos imperiales, pues uno de ellos está todavía lejos de haberse completado. Comenzaremos por examinar de cerca el colapso romano, con el objetivo de identificar los factores clave en juego en dicho proceso, mientras que en los capítulos restantes examinaremos la relevancia de cada uno de tales factores para el Occidente moderno y emplearemos las evidencias de la Antigüedad para considerar la gama de desenlaces a largo plazo –mejores o peores– que se barajan en la actualidad. Aunque no es posible hacer grande de nuevo a Occidente en el sentido de reasentar una dominación global incontestada, el necesario proceso de ajuste podría insertar lo mejor de la civilización occidental en el emergente nuevo orden global, o destruir toda esperanza de mantener la prosperidad de las poblaciones occidentales en un mundo reconstruido. En última instancia, como la historia romana remarca una vez más, el futuro de Occidente dependerá de las decisiones políticas y económicas que tomen sus ciudadanos y sus líderes en los años decisivos que nos esperan.

NOTAS

1   En los márgenes más extremos de esta parte del espectro político ha habido intentos de descubrir una «oscura conspiración» para reemplazar las poblaciones de Occidente por inmigrantes de la periferia. La teoría del reemplazo, pues así es como se autodenomina, traza sus orígenes a una novela distópica de 1973 (Jean Raspail, *Le camp des saints*) [edición en español: *El campamento de los santos*, Barcelona, Ojeda, 2003], aunque se basa en no poca medida en el discurso de 1968 de Enoch Powell sobre los «Ríos de sangre». La teoría ha pasado de ciertos extremos políticos muy turbios (que han motivado ataques terroristas) a círculos algo más generalistas, pues ha asomado en los discursos del húngaro Viktor Orbán y del italiano Matteo Salvini, además de estar presente en el movimiento francés de los chalecos amarillos (*gilets jaunes*).

PRIMERA PARTE

CAPÍTULO 1

Una fiesta como la de 399...

WASHINGTON D. C., 1999

En el clima político actual de férrea división e indignación pública provocada por el aumento de la desigualdad, el estancamiento de los estándares de vida, el incremento de la deuda y los ruinosos servicios públicos resulta difícil recordar que, apenas veinte años antes, el futuro de Occidente parecía tan diferente. Cuando el siglo XX entró en su último año, Estados Unidos era el centro del mundo moderno. El desempleo había caído a cifras históricamente bajas y la economía estadounidense –la mayor del mundo con diferencia– disfrutaba de la mayor explosión de crecimiento que jamás había conocido; los mercados de valores subían cada año más de dos dígitos. En la cresta de la ola de las puntocom, millones de accionistas estadounidenses se hacían más ricos cada día que pasaba y gastaban los beneficios en un círculo virtuoso que disparó la economía a cotas cada vez más elevadas. Y no solo Estados Unidos: todo Occidente –las economías ricas e industrializadas compuestas, en su mayoría, por los amigos y aliados de América en Europa occidental, Canadá y Asia (Australia, Nueva Zelanda y, en fecha más reciente, Japón)– abarcaban el planeta como un coloso. Su prosperidad y sus valores de libertad individual, democracia y libre mercado eran realidades indiscutibles.

Diez años antes, en lo que se consideró el momento histórico definitorio del siglo XX, manifestantes de Europa oriental derrocaron a sus mandatarios comunistas. Dos años más tarde, la Unión Soviética votó dejar de existir y los economistas estadounidenses empezaron a recorrer el mundo en sus *jets*, para asesorar a los gobiernos acerca de los beneficios de rehacer sus economías e instituciones políticas a imagen y semejanza de Occidente. Hasta el Partido Comunista chino abrazó el mercado. Alemania se reunificó, Europa emergió de la recesión, el Reino Unido nunca había molado tanto* y Estados Unidos creció sin parar. Hacia 1999, el porcentaje de producción global que consumía Occidente alcanzó el mayor punto jamás registrado: una sexta parte de la población del planeta empleaba nada menos que cuatro quintas partes de la producción mundial de bienes y servicios.

En su discurso del estado de la Unión de 1999, el presidente estadounidense Bill Clinton transmitió con optimismo que los buenos tiempos nunca terminarían: «Las posibilidades de nuestro futuro son ilimitadas», declaró. Con los economistas diciéndole que se había consolidado una «Gran Moderación», una era de estabilidad económica que generaría un crecimiento sin fin, su Administración llegó a la conclusión de que el superávit gubernamental pronto alcanzaría billones. Clinton urgió al Congreso a verter parte de esta enorme reserva de dinero en pensiones y sanidad y su secretario del Tesoro anunció que, después de décadas de incremento del déficit, Estados Unidos comenzaría, al fin, a liquidar las deudas acumuladas por sus gobiernos durante los dos siglos precedentes y a poner más dinero en el bolsillo del estadounidense de a pie. Mientras tanto, al otro lado del Atlántico, el gobierno del Nuevo Laborismo de Tony Blair captó el espíritu de los tiempos y lanzó un enorme y ambicioso programa de expansión de los servicios públicos, mientras que la Unión Europea, llena de autoconfianza, se dispuso a acoger a buena parte del antiguo bloque soviético en el elitista club de las democracias occidentales.

Pocos años después, tal optimismo se evaporó. La crisis financiera global de 2008 fue seguida de inmediato por la Gran Recesión y luego por el Gran Estancamiento. Apenas una década después del clímax de 1999, el porcentaje de producción global de Occidente se redujo en un cuarto: el 80 por ciento del Producto Global Bruto (PGB) se convirtió en el 60 por ciento. Y aunque gobiernos y bancos centrales contuvieron los

---

* N. del T.: Alusión al espíritu de optimismo, Cool Britannia, «el Reino Unido mola», de la década de 1990, en particular durante el Gobierno laborista de Tony Blair.

peores efectos inmediatos del crac al inundar sus economías con dinero, desde entonces, los países occidentales no han logrado recuperar las tasas de crecimiento de antaño, mientras que las de partes clave del mundo en desarrollo se han mantenido elevadas. En consecuencia, el porcentaje del PGB no ha dejado de descender. Y no es solo en lo económico en lo que Occidente está perdiendo terreno con rapidez. La «marca» Occidente, antes refulgente, ha perdido su aura y ahora presenta a los observadores externos una imagen de profunda indecisión y división, con unas democracias que parecen conceder beneficios solo a unos pocos, lo cual ha restaurado la credibilidad perdida de los liderazgos autoritarios y modelos unipartidistas de dirección económica y política.

Para ciertos comentaristas occidentales, el diagnóstico de Gibbon acerca de la caída de Roma nos muestra una solución obvia: Occidente está perdiendo su identidad ante una oleada de inmigración extranjera, en particular musulmana; debe consolidar sus murallas y reafirmar sus valores culturales esenciales, o está condenada a volver a recorrer la senda del Armagedón imperial. Sin embargo, la historia de Roma, tal y como la entendemos en el siglo XXI, ofrece lecciones muy diferentes al Occidente moderno.

ROMA, 399 D. C.

Dieciséis siglos —más o menos exactos— antes de la elegíaca celebración de Bill Clinton en relación con sus ilimitadas posibilidades, un portavoz imperial dio en presencia del Senado de Roma el discurso del «estado de la Unión» de la mitad oeste del mundo romano. Era el 1 de enero de 399, el día de la toma de posesión del cónsul más reciente, de una línea ininterrumpida durante mil años. El cargo más prestigioso del mundo romano, puesto que tenía garantizada la vida eterna porque daba nombre al año. El afortunado candidato a la inmortalidad de ese año era Flavio Manlio Teodoro, un jurista y filósofo con un historial intachable de competencia administrativa. El tono de su discurso fue triunfal y anunció el alba de una nueva Edad de Oro. Tras un rápido y halagador saludo a la audiencia —«Es esta asamblea la que me da la medida del universo; veo aquí reunida toda la brillantez del mundo» (un elogio que es probable que ningún parlamentario utilice en la actualidad)—, el portavoz, un poeta que respondía al nombre de Claudiano, fue al grano.

Su discurso presentó dos temas. Primero: la brillantez de la administración que había llamado a un hombre como Teodoro para ocupar el cargo. «¿Pero quién rechazará un cargo insigne bajo tan gran emperador? ¿O cuándo se ofrecerán mayores recompensas a los méritos? […] ¿Qué edad produjo a un héroe semejante en el consejo o en la guerra? Ahora Bruto [asesino de Julio César] amaría vivir bajo una monarquía». Segundo: la prosperidad estaba consolidada en el imperio. «[…] queda abierta una llanura y el favor está asegurado para el que lo merece; se honra la laboriosidad con la recompensa merecida».*

A primera vista, esta alocución parece un modelo de palabrería autocomplaciente de la peor especie, tan del gusto de los regímenes fallidos a lo largo de la historia. El emperador de Occidente del momento, Honorio, era un muchacho de 15 años de edad; el verdadero mandatario era un general llamado Estilicón: un hombre fuerte surgido del ejército y de reciente ascendencia bárbara, rodeado de un séquito de funcionarios que esperaban ansiosos –en el sentido literal de la palabra– para darle una puñalada por la espalda.[1] Apenas una década más tarde, la ciudad de Roma fue saqueada por un grupo de guerreros bárbaros, inmigrantes recién llegados al mundo romano, liderados por su propio rey, el godo Alarico. El colapso final del reino de Honorio tuvo lugar dos generaciones más tarde. El Occidente romano quedó repartido entre una serie de monarcas bárbaros: los descendientes godos de Alarico se enseñorearon de la mayor parte de Hispania y del sur de la Galia, los reyes burgundios del sudeste de la Galia, los soberanos francos del norte, los vándalos del norte de África y una serie de bandas guerreras anglosajonas invadieron el norte del canal de la Mancha. ¿Acaso el cónsul, emperador, portavoz y el Senado fueron partícipes de una ceremonia colectiva de autoengaño voluntario? Esto era lo que pensaba Gibbon. Según su historia, en 399, Roma llevaba mucho tiempo en declive desde la Edad de Oro económica, cultural y política de los emperadores antoninos del siglo II d. C. y la caída era inminente.

Las generaciones sucesivas de historiadores desarrollaron el modelo de Gibbon, con lo que, hacia mediados del siglo XX, habían elaborado una lista de síntomas de declive que explicaban una historia de claridad

---

* N del T.: Ambas citas del «Panegírico en honor del cónsul Manlio Teodoro» en Claudiano, *Poemas*, I, M. Castillo Bejarano (trad.), Madrid, Gredos, 1993, 159-161, 164 y 261-263, respectivamente.

meridiana. En primer lugar, estaban los *agri deserti*, «los campos desiertos», mencionados en la legislación imperial del siglo IV. El campesinado del imperio constituía el 85-90 por ciento de la población total. En un mundo abrumadoramente agrario, los campos desiertos olían, sin duda, a desastre económico, atribuible a un punitivo régimen fiscal, del que los escritos de la época se quejaban regularmente. En segundo lugar, la podredumbre se transmitió hacia las capas superiores. En la Edad de Oro de Gibbon, las clases altas y medias de Roma dejaron constancia de las distinciones recibidas en vida con inscripciones fechadas en piedra. Estas estelas conmemoraban los honores, cargos y dones, en general edificios y otros servicios otorgados a sus comunidades urbanas locales (la virtud cívica era muy apreciada en el mundo romano). Dos monumentales proyectos decimonónicos de recopilación y publicación de toda inscripción conocida en latín y griego revelaron de inmediato un elemento sobresaliente: a mediados del siglo III d. C., la frecuencia anual de los epígrafes cayó de forma súbita a cerca de una quinta parte de la media anterior. Este espectacular descenso de los despliegues de autocomplacencia de las clases pudientes del mundo romano, al igual que los campos desiertos, desprendía un fuerte hedor a implosión económica. En tercer lugar, un examen detallado de los papiros egipcios y de las monedas imperiales supervivientes de la misma era refuerza dicho argumento. En la segunda mitad del siglo III, la población imperial tuvo que enfrentarse a una hiperinflación disparada de precios no muy diferente de la Alemania posterior a la Primera Guerra Mundial, alimentada por el envilecimiento progresivo del denario de plata. Envilecimiento, hiperinflación, la pérdida de confianza de las clases superiores y los campos sin cultivar: todo apuntaba a una conclusión obvia. Un siglo antes de la toma de posesión de Teodoro, el imperio estaba en la ruina económica y el auge del cristianismo no hizo más que añadir un cuarto elemento a este caos.

Gibbon inauguró una línea de pensamiento que veía en la nueva religión del imperio un cambio de profundas consecuencias negativas. El clero y los ascetas cristianos, según su punto de vista, supusieron miles de «bocas ociosas», cuya dependencia debilitó la vitalidad económica imperial. Gibbon también adujo que el mensaje de amor del cristianismo —«poner la otra mejilla»— minó las virtudes cívico-marciales que habían hecho grande al Imperio romano y sentía un profundo desagrado por la propensión de los líderes cristianos —en marcado contraste con las enseñanzas de su fundador– a las disensiones internas, lo cual debilitó la antigua unidad de criterio imperial. En consecuencia, el consenso histórico general de la primera mitad del siglo XX fue que, hacia 399, toda la estructura romana se sostenía, a duras penas, mediante una burocracia totalitaria y sobredimensionada, situada en la cúspide de una economía centralizada y dirigida que lograba poco más que alimentar a los soldados que le quedaban. La generación de eruditos que llegó a la madurez después de la Primera Guerra Mundial presenció de primera mano el caos de la hiperinflación de Weimar y además pudo compararlo con los ejemplos totalitarios de la Rusia bolchevique y la Alemania nazi. Visto el desastroso estado del Bajo Imperio, tan solo hacía falta, según esta visión ampliamente compartida del pasado romano, un puñado de invasores bárbaros para que las maltrechas ruinas imperiales se vinieran abajo; cosa que sucedió apenas unas décadas después de que el consulado de Teodoro inaugurara una supuesta nueva Edad de Oro.

Este relato de podredumbre moral y económica del centro imperial –que hacía recaer toda la responsabilidad del fin del imperio sobre los hombros de los mandatarios de Roma– ha tenido un impacto contemporáneo que es muy difícil de ignorar. No solo es popular entre los comentaristas conservadores más destacados de Occidente; también puede encontrarse en las ciencias sociales, pues ha conformado influyentes escuelas del pensamiento contemporáneo en el campo de las relaciones internacionales. Incluso ha llegado a abrirse camino hasta la Casa Blanca en alguna ocasión. El antiguo asesor de Donald Trump, Steve Bannon, citaba con regularidad a Gibbon al argumentar que el abandono estadounidense de su herencia religiosa había causado decadencia, una visión del mundo que fue mencionada de forma explícita en el discurso inaugural del nuevo presidente. Este caracterizó el estado actual del país como «la masacre de América». Robert Kaplan, el escritor y pensador que ejerció una profunda influencia sobre la política exterior de Bill Clinton, elogió con entusiasmo las enseñanzas obtenidas de la lectura de Gibbon y en particular las predicciones del propio Kaplan acerca de la «anarquía que viene» en la periferia global. De igual modo, en la teoría económica, Daron Acemoğlu y James Robinson argumentaron en *Por qué fracasan los países* que las instituciones liberales crearon el marco para el triunfo económico del moderno Occidente, mientras que los gobiernos autocráticos hacían inevitable el declive. En apoyo de su teoría, Acemoğlu y Robinson citaban a Gibbon en términos encomiásticos, así como argumentaban que Roma selló su destino el mismo día en que dejó de ser una república, con lo que emprendió el largo, pero inexorable, camino hacia el colapso imperial.

No resulta sorprendente que *Decadencia y caída del Imperio romano* de Gibbon haya recibido tanta atención en Estados Unidos. Desde los tiempos del nacimiento de la república, los intelectuales estadounidenses se han visto a sí mismos en numerosas ocasiones como los herederos de Roma y han leído la historia del imperio como una guía para el futuro del suyo. Se ha edificado toda una industria sobre la base de los elementos del modelo de declive interno de Gibbon. En función de sus programas políticos, algunos comentaristas se interesan más por el fracaso económico y otros por la decadencia moral. No obstante, su énfasis es consistente: solo los factores internos son los responsables fundamentales del colapso imperial. La de Gibbon es una gran historia bellamente narrada; hoy, muchos siguen leyéndolo solo por su prosa. También tiene la virtud de ser antigua. Como podría explicar cualquier profesor, es casi imposible desplazar la primera idea que se consolida en el cerebro de los estudiantes. Sin embargo, es necesario desplazarla, pues, en los últimos cincuenta años, ha salido a la luz un pasado romano diferente.

ARADOS Y CALDEROS

En la década de 1950, un arqueólogo francés hizo un sorprendente descubrimiento en un pequeño confín del norte de Siria. Lo que encontró eran los restos de unos prósperos campesinos bajorromanos que se habían expandido por las colinas calcáreas de la región entre los siglos IV y VI d. C. El material de construcción natural en esta región era la piedra local, lo cual hizo que las viviendas de los granjeros, algunas con fechas inscritas, siguieran en pie. En todas las demás regiones del imperio los campesinos construían con madera o adobe, que no dejan trazas en la superficie, por lo que se trataba de un hallazgo único. Según el modelo gibboniano estándar, estos granjeros acomodados tardorromanos no deberían estar ahí. ¿Acaso la presión tributaria excesiva no los llevó a la quiebra y agotó sus campos y esto imposibilitó semejante prosperidad rural?

Esa misma década, los historiadores de la cultura empezaron a explorar ciertas nuevas vías que cuestionaban buena parte del pliego de acusaciones de Gibbon contra la religión cristiana; algunas de estas nunca habían sido nada más que una broma sofisticada. Dada la historia del conjunto del cristianismo como religión organizada desde el emperador Constantino en adelante –con sus cruzadas, inquisición y conversiones forzosas–, sostener que el cristianismo socavó el imperialismo romano con un fomento excesivo del pacifismo no es más que una muestra del retorcido sentido del humor de Gibbon. Desde la década de 1950, investigaciones más detalladas y ecuánimes han dejado claro que el cristianismo no minó la unidad cultural clásica, sino que más bien la encaminó por nuevas y excitantes vías. El cristianismo que evolucionó en los siglos IV y V era una síntesis vigorosa e innovadora de elementos bíblicos y de la cultura clásica, y los problemas suscitados por la división religiosa se han exagerado mucho. Tanto en la práctica como en la teoría, los emperadores asumieron de inmediato la función de cabezas de la estructura eclesiástica, lo cual fue muy positivo a la hora de fomentar un nuevo tipo de unidad cultural a lo largo de toda la vasta extensión de dominio imperial. Por otra parte, el argumento de las «bocas ociosas», en relación con el clero cristiano, tampoco es muy convincente. Los altos cargos eclesiásticos no tardaron en ser ocupados por la nobleza romana de provincias, que dirigía los servicios de la Iglesia y sostenía el orden sociopolítico existente. En un sentido general, no eran ni más ni menos «ociosos» de lo que lo había sido nunca la élite terrateniente romana. En la práctica, el clero de todas las clases operaba en su mayor parte como funcionarios del Estado, no como representantes subversivos de una cultura hostil.

De igual modo, los nuevos estudios también cuestionaron la imagen del gobierno tardorromano como Estado autoritario fallido. En 1964, A. H. M. Jones, funcionario público británico durante la guerra reconvertido en profesor de historia antigua, publicó un análisis exhaustivo de las operaciones del Imperio romano que abrió profundas brechas en la vieja ortodoxia. La burocracia imperial se expandió durante el siglo IV, no obstante, en términos comparativos, siguió siendo demasiado pequeña para ejercer un estricto control sobre la vasta expansión del mundo romano, que, en su diagonal más larga, iba de Escocia a Irak. De hecho, el núcleo imperial no era el que controlaba el proceso. Como veremos en el Capítulo 2, fueron las propias élites provinciales romanas quienes impulsaron la expansión de la burocracia al exigir nuevos puestos dentro de sus estructuras. Lo que a primera vista parece una autoritaria expansión gubernamental, se debió, en realidad, a las clases dirigentes del imperio, que trasladaron a un nuevo contexto sociopolítico sus tradicionales pugnas por favores e influencia. Sin duda, no fue un hecho insignificante, pero tampoco un anuncio evidente del fin del sistema imperial. De todos modos, todas estas revisiones sustanciales del viejo paradigma de la decadencia romana no dejaban de ser atisbos aislados de una historia romana alternativa. Entonces, en la década de 1970, tuvo lugar un nuevo y revolucionario descubrimiento que aunó todas estas observaciones individuales en un cambio de paradigma fundamental… Lo que no deja de ser una demostración de la ubicuidad de la torpeza humana.

La cerámica rota tiene dos características clave. Una vez rota, es más o menos inservible, pero los restos individuales suelen perdurar. En consecuencia, la cerámica rota tiende a permanecer allí donde la dejaron caer, lo cual nos proporciona un mapa de las casas y aldeas de los propietarios originales mucho tiempo después de que la madera se pudra y los ladrillos de adobe se conviertan en polvo. Aun así, fueron necesarios dos grandes avances técnicos para que la desmaña humana pudiera revelar en toda su magnitud la macrohistoria del desarrollo económico romano. Primero, había que datar los fragmentos. Desde hace mucho, se sabía que los diseños de servicios de mesa romanos («cerámica fina», en la jerga de los arqueólogos) y de ánforas de almacenamiento (*amphorae*) cambiaban con el tiempo, aunque los investigadores tenían que encontrar un número suficiente en un yacimiento para poder datarlos y crear una cronología precisa de sus cambiantes diseños. Segundo, había que identificar la densidad precisa de cerámica en superficie para indicar la presencia de un asentamiento antiguo oculto bajo el terreno. Hacia la década de 1970, tales problemas se habían resuelto gracias a los arados modernos, que se hunden en el subsuelo a suficiente profundidad como para sacar a la superficie materiales que llevan mucho tiempo bajo tierra.

Lo que vino después nos muestra que la arqueología real es, por lo general, mucho menos divertida que Indiana Jones. En el transcurso de los veinte años siguientes, pequeños ejércitos de estudiantes y profesores se desplegaron en línea recta por los antiguos campos romanos para recoger hasta la última pieza de cerámica rota que pudieran hallar en un metro cuadrado ante ellos. Todo se guardaba en bolsas de plástico etiquetadas. Entonces, la línea avanzaba otro metro y repetía el proceso. Y así una y otra vez, hasta cubrir toda la región para estudiar, o hasta que finalizaba la campaña de excavaciones. Durante los inviernos, se dedicaban a analizar los contenidos de las bolsas. Como es de esperar, completar estudios rurales a gran escala podía requerir una década o más. Aunque si algo caracteriza a los arqueólogos es la paciencia y durante las décadas de 1970 y 1980 muchos de ellos, bolsa en mano, se dedicaron a revisar amplias extensiones del antiguo mundo romano.

Puede que el proceso fuera monótono, pero los resultados fueron espectaculares. El Imperio romano era un lugar inmenso. Aunque parece enorme sobre el mapa, debe tenerse en cuenta que, en la Antigüedad, todo se movía unas veinte veces más lentamente –al menos por tierra: a pie, en carro, o a caballo– con respecto a la actualidad. La verdadera medida de distancia era el tiempo que empleaba una persona en desplazarse de A a B, no una unidad arbitraria de medida, por lo que las localidades del imperio estaban, en la práctica, veinte veces más lejos de lo que nos parece a los observadores modernos, así como el conjunto del imperio era veinte veces más vasto. Sin embargo, con todo su extraordinario tamaño, cuando llegaron los resultados se vio que los asentamientos rurales en casi todo el mundo romano, y no solo en las colinas calcáreas del norte de Siria, llegaron a su cenit en el siglo IV, justo en vísperas del colapso político. La Britania meridional, el norte y el sur de la Galia, Hispania, el norte de África, Grecia, Turquía y Oriente Medio: al contrario de lo esperado, todas produjeron resultados similares. Las densidades de población rural, y en consecuencia del conjunto de la producción agrícola, alcanzaron sus niveles máximos durante el periodo tardoimperial. Y, dado que Roma era, de forma abrumadora, una economía agraria, no cabe la menor duda de que el Producto Imperial Bruto –la producción económica total del mundo romano– logró cotas más elevadas en el siglo IV que en cualquier otra etapa de la historia de Roma.

Esto fue un descubrimiento asombroso. Los datos, masivos y en constante expansión –el número de fragmentos de cerámica enterrados en la tierra es incontable–, demostraron que la trayectoria del desarrollo macroeconómico romano fue justo la contraria a la que defendía el relato de la decadencia. Como resultado, este tonelaje inamovible de evidencias ha forzado, necesariamente, tener que reconsiderar la lista de condiciones, ahora mucho más limitada, en la que se basó la vieja ortodoxia.

Los *agri deserti*, si se examinan con mayor detalle, resultan ser un término técnico para tierras que no son lo bastante productivas como para imponerles cargas tributarias. Aún más crucial: en ningún momento implica que el campo en cuestión *nunca* fuera cultivado. El fin de los epígrafes de piedra es un fenómeno histórico más importante, pero tampoco, si se examina con detalle, es una medida clara de declive económico. Hasta mediados del siglo III, las clases altas locales del imperio dedicaron su tiempo a competir por el dominio en sus ciudades, las cuales contaban con cuantiosos presupuestos municipales para gastar. Las donaciones registradas en tales inscripciones constituían un arma clave de dicha competición política. No obstante, hacia mediados de siglo, el centro imperial confiscó esos presupuestos (por causas a las que volveremos más adelante), con lo que el motivo para la competición política local desapareció por completo. Para los ambiciosos terratenientes de provincias, el nuevo juego consistía en incorporarse a la burocracia imperial en rápida expansión, que ahora controlaba las provisiones de fondos. Los propietarios agrícolas provinciales reorganizaron sus vidas en consecuencia y la onerosa formación legal —como la de nuestro leguleyo devenido cónsul, Teodoro— reemplazó a la generosidad local como el camino hacia el éxito. En este nuevo entorno, hubo muchos menos incentivos para dejar constancia de la propia generosidad mediante el encargo de un caro epígrafe. Por lo que respecta a la tributación, uno de los puntos básicos para recordar es que la investigación histórica comparada todavía no ha logrado identificar una sociedad humana que considere que no paga impuestos suficientes. Las quejas de los contribuyentes tardorromanos no son particularmente insistentes y la nueva evidencia arqueológica de prosperidad rural demuestra que no habrían soportado un régimen fiscal demasiado punitivo. Por otra parte, la hiperinflación era bastante real, aunque su impacto fue más limitado de lo que se ha creído hasta ahora. Lo que estaba inflado era el precio (de absolutamente todo) medido en monedas de plata devaluadas. Sin embargo, el grueso de la riqueza de los terratenientes romanos se acumulaba en reservas de metales preciosos puros y, sobre todo, en sus tierras y en productos agrícolas. Nada de esto se vio afectado por las sucesivas depreciaciones de la moneda de plata, de modo que, al contrario que en la Alemania de Weimar, la hiperinflación romana dejó intacta la riqueza real de las élites latifundistas imperiales.

Lo que antes se consideraba una evidencia clara de declive económico ya no lo es. Gibbon estaba equivocado: el Imperio romano no experimentó un largo y lento declive desde su Edad de Oro del siglo II y hasta su inevitable caída en el V.[2] La prosperidad imperial alcanzó su punto álgido justo en vísperas del desplome. El portavoz de 399 d. C., aunque es indudable que estaba al servicio de sus intereses y de los del régimen que le daba empleo, ni era estúpido ni afirmó una falsedad criminal al proclamar una nueva Edad de Oro. En las postrimerías del siglo IV, la famosa *Pax Romana* –la era de estabilidad política y legal generalizada creada por las conquistas de las legiones– se había mantenido casi medio milenio, durante el cual se dieron las condiciones macroeconómicas que permitieron a las provincias imperiales incrementar su prosperidad durante siglos.

Esta revolución en nuestra comprensión del Imperio romano tardío tiene algunas implicaciones decisivas en potencia, si consideramos el marcado contraste entre el extravagante triunfalismo occidental de la década de 1990 y el ambiente actual de pesimismo y fatalidad. La primera lección de la historia romana está clara: la caída imperial no tiene por qué venir precedida de un prolongado declive económico. El Imperio romano fue el mayor y más longevo Estado que jamás ha conocido la Eurasia occidental y, pese a ello, una de sus mitades se desmoronó y desapareció pocas décadas después de su cenit económico. Esto, por sí solo, podría ser una coincidencia fortuita. Sin embargo, una exploración en profundidad de las extensas historias de Roma y del Occidente moderno indica que esto no es así en absoluto.

NOTAS

1 Flavio Estilicón nació en territorio romano, aunque su padre era un inmigrante vándalo. Nueve años más tarde, cuando surgió la ocasión, sus rivales dieron un sangriento golpe de Estado en el que ejecutaron de forma sumaria a Estilicón y a sus hijos.

2 Para cierto tipo de intelectual moderno, que gusta de citar la historia romana para corroborar su afirmación de que los regímenes liberales producen economías más dinámicas, el hecho incómodo para la tesis Acemoğlu-Robinson es que el Imperio romano floreció después de abandonar el republicanismo.

CAPÍTULO 2

Imperio y enriquecimiento

En 371, un poeta cristiano llamado Décimo Magno Ausonio, originario de la que hoy es la ciudad de Burdeos, dedicó 483 hexámetros latinos a cantar las glorias de un confín particular del noroeste del mundo romano: el valle del río Mosela, en la actual Alemania, que desemboca en el Rin. Lo que atrajo su mirada fueron las bien cuidadas riquezas agrarias de la región y la cultura humana que había surgido a su alrededor:

> [...] los tejados de las granjas elevados sobre riberas inclinadas
> y colinas verdes de vid y, a sus pies, las corrientes alegres del
> Mosela que se desliza con murmullo silencioso [vv. 20-22].

En sus alabanzas, Ausonio se detiene en particular en los numerosos y deliciosos pescados del río (sus nombres le ofrecían una gran oportunidad para demostrar su dominio de la métrica latina), los placeres simples de la vida campesina y la grandeza de las casas señoriales de la región:

> ¿Quién es capaz, descubriendo sus innumerables bellezas y
> disposición, de abrir las formas arquitectónicas de cada una
> de esas propiedades? [vv. 298-300].

El *Mosella* pertenece a un antiguo género literario latino –la écfrasis, o descripción extensa–, aunque tiene un subtexto más radical. Ausonio argumenta que la vida romana junto a las orillas del río es tan rica que ni siquiera el Tíber (usado como metáfora de la ciudad de Roma), «se atrevería a anteponer sus propios honores [v. 376]».* Al final, Ausonio, juguetea y retira este argumento, no fuera a ser que le acusen de soberbia, pero el resto del poema no le deja la menor duda a su público de qué es lo que piensa el poeta. Y, aunque alguien podría sentir la tentación de tachar las afirmaciones de Ausonio de licencia poética desmedida, en realidad se estaba haciendo eco de la anomalía más notable revelada por los fragmentos de cerámica rota.

BIENES MUEBLES

Aunque el imperio, en su conjunto, disfrutó de un siglo IV áureo —también el precioso valle del Mosela de Ausonio, que era, sin duda, el hogar de numerosas y ricas villas tardorromanas—, los estudios de cerámica identificaron ciertas áreas específicas en declive. Dos tienen fácil explicación. Los asentamientos rurales del norte de Britania y Bélgica nunca se recuperaron de las intensas incursiones bárbaras que afectaron la zona en el siglo III (volveremos a esto más adelante). Por otra parte, mucho más sorprendentes son los resultados del corazón italiano del imperio. Italia no sufrió ataques comparables durante el siglo III y, sin embargo, los asentamientos y la producción agraria del territorio llegaron a su máximo en los doscientos años anteriores y posteriores al nacimiento de Cristo y, a continuación, decayeron a niveles constantes, aunque bastante más bajos, en los siglos III y IV d. C. ¿Por qué se contrajo el centro imperial, cuando los confines más apartados experimentaban un auge económico? La solución empieza a desvelarse si nos adelantamos un millar de años y analizamos el ascenso de lo que, con el tiempo, sería el Occidente moderno.

En los inicios del segundo milenio de nuestra era, lo que se convertiría en el futuro Occidente moderno era cualquier cosa menos una gran potencia económica. Aunque un par de vikingos había logrado cruzar el Atlántico, en esta época, Norteamérica no desempeñaba nin-

---

* N. del T.: Todas las citas de Ausonio del capítulo están extraídas de Décimo Magno Ausonio, *Obras*, vol. II, A. Alvar Ezquerra (trad. y notas), Madrid, Gredos, 1990.

gún papel significativo en las redes económica y política del conjunto de Europa. Las huestes musulmanas del norte de África y Oriente Medio regían el sur de Hispania y habían reducido Constantinopla a un pequeño Estado sucesor, privado de la gran mayoría de sus posesiones en el *hinterland* del sur y el este del Mediterráneo. Apretujado entre ambos, había un rincón del globo pobre, de tecnología atrasada, fragmentado en lo político y azotado por las enfermedades. A pesar de ello, en el transcurso del siguiente milenio, esta rústica y pequeña región creció hasta dominar el planeta.

Lo que desencadenó tan espectacular cambio sigue siendo hoy motivo de acaloradas controversias. Los factores políticos tienen algo que ver. Los Estados europeos no eran ni demasiado poderosos ni demasiado débiles, por lo que los emprendedores disfrutaban de la libertad y la estabilidad necesarias para abordar proyectos arriesgados. El entorno natural también ayudó. Europa poseía especies animales domesticables en abundancia (una forma temprana de capital), numerosas vías fluviales para navegar de forma barata y un paisaje variado que producía una amplia gama de cosechas, todo lo cual fomentaba y facilitaba el intercambio. La cultura también representó un papel. A juicio de algunos analistas, el énfasis de la cristiandad occidental en el matrimonio consensuado produjo familias nucleares, que tenían incentivos para ahorrar, mientras que su moralidad universalista y una economía basada en la confianza facilitaban los contratos con extraños, lo cual era un apoyo material al comercio de larga distancia. Para otros, el surgimiento y pleno desarrollo del concepto legal de la propiedad privada, producto de las universidades medievales de Europa (basadas en el precedente romano), fue un factor central del proceso.

Existe cierto desacuerdo, no obstante, acerca de lo que vino después. Los avances tecnológicos de la Edad Media, tales como la adopción del arado pesado* para explotar mejor los suelos arcillosos y planes de rotación de cultivos más sofisticados, generaron mayores excedentes agrarios. Esto llevó a un incremento del consumo suntuario de las élites europeas; la experiencia de la cruzada espoleó aún más

---

* N. del T.: También denominado arado de vertedera o arado normando, pues empezó a ser común desde el siglo XI con la conquista normanda de Inglaterra.

el gusto por el azúcar, las especias y las prendas de seda de Oriente. A cambio, la economía en desarrollo de Europa empezó a producir tejidos de lana más refinados, que hallaron un mercado bien dispuesto en el este. La expansión del comercio de larga distancia, a su vez, sostuvo una red cada vez más densa de mercados y ferias.

Las primeras, y más significativas, de dichas redes se hallaban en el centro y norte de Italia, donde la geografía –en particular el fácil acceso al Mediterráneo para el comercio a larga distancia– concurrió con la relativa debilidad de las élites terratenientes, así como hizo a los mercaderes lo bastante ricos como para dominar las agendas políticas de su comunidad local. Las ciudades-Estado resultantes armaron una infraestructura social, política y legal que contribuyó a expandir aún más el comercio: mercados crediticios y financieros, mecanismos para garantizar el cumplimiento de los contratos y líneas matítimas y acuerdos comerciales foráneos seguros. Situados en la encrucijada entre Europa y Oriente, los mercaderes italianos controlaban la mayor parte del intercambio de exportaciones europeas (en particular telas y trigo) por bienes orientales. A partir del siglo XI, estas ciudades-Estado italianas, con Florencia, Venecia y Génova en cabeza, se enseñorearon del comercio europeo.

Pero la prosperidad de este núcleo italiano inicial provocó de inmediato cambios en otros lugares. Aunque las ciudades-Estado italianas vendían telas europeas a Oriente, los mejores productos procedían de Países Bajos, que, a su vez, importaba de Inglaterra buena parte de la lana cruda. Así pues, espoleadas por las redes comerciales italianas, las economías del norte de Europa empezaron a expandirse y diversificarse. Ciertas ciudades septentrionales, en particular en Flandes, donde las factorías textiles aparecieron en fecha muy temprana, en los siglos XII y XIII, comenzaron a rivalizar con sus homólogas italianas entre finales del siglo XV y principios del XVI como centros de comercio e intercambio. De forma más general, los enormes beneficios obtenidos del comercio oriental por las ciudades-Estado italianas impulsaron a otros gobiernos europeos a pasar a la acción. En lugar de disputar el dominio italiano del Mediterráneo oriental, los Estados atlánticos optaron por dirigirse al oeste y buscar rutas marítimas alternativas a Asia. Encabezados por portugueses y españoles, los europeos mejoraron sus tecnologías de navegación y construcción naval, lo cual les permitió aventurarse en alta mar. De camino a Asia, se toparon por casualidad con las Américas; no podían saber hasta qué punto estas nuevas tierras (para ellos) transformarían Europa. Durante muchas décadas el comercio europeo siguió centrado en el este a través del Mediterráneo. Sin embargo, fue a largo plazo, una vez que el oro y la plata de las Américas empezaron a inundar las arcas de España y Portugal, y los mercaderes del norte de Europa abrieron nuevas rutas marítimas hacia oriente, cuando el capitalismo europeo dejó de centrarse en Italia y se trasladó a sus márgenes exteriores.

Henchidos de riquezas americanas, los imperios español y portugués optaron por importar bienes de lujo manufacturados de las regiones industriales europeas ya existentes y por acumular sus excedentes en otros lugares (en Alemania en particular), en lugar de transformar sus economías. Esto provocó una expansión aún mayor en el norte. En particular, la demanda de textiles ingleses engendró en última instancia una espectacular revolución económica al norte del canal de la Mancha, entre otros motivos porque el Parlamento inglés tenía poder para alterar las leyes de propiedad de la tierra. Dueños de fincas en busca de nuevas oportunidades solicitaron el cercado de sus tierras y expulsaron al campesinado con el fin de criar ovejas para la industria textil en expansión. Al hacerse ricos, los terratenientes crearon nuevas fuentes de capital inversor y el cercado* creó una generación de jornaleros sin tierra que buscaba trabajo con desesperación, lo cual ofreció al creciente sector industrial un abundante suministro de mano de obra barata en una fecha más temprana que en ninguno de los rivales de Gran Bretaña. Hacia finales del siglo XVIII, se expandieron talleres artesanos por toda la campiña británica que aprovecharon este entorno modificado. Al mismo tiempo, neerlandeses y británicos, así como los franceses, alcanzaron –y superaron– a los Estados ibéricos en la construcción de flotas capaces de capturar recursos en ultramar.

El crecimiento de su sector manufacturero generó un apetito insaciable de materias primas, de modo que Gran Bretaña explotó con agresividad sus posesiones coloniales, la más importante de las cuales no tardó en quedar situada en Norteamérica. Y, pese a que Estados

---

* N. del T.: Del inglés *enclosures*, la privatización de las tierras comunales en Inglaterra, especialmente a partir de la Revolución Industrial.

Unidos rompió con Gran Bretaña en lo político, siguió desempeñando un papel clave como suministrador y mercado de los bienes industriales británicos; su algodón llegó a ser más importante para la ascendiente industria textil británica que el de la India. Hacia el siglo XIX, casi toda esta industria se había trasladado a las urbes británicas, donde la abundante mano de obra permitió a los propietarios dirigir fábricas mucho más grandes, con ejércitos de obreros que operaban la nueva maquinaria que se iba inventando a un ritmo acelerado. Durante los años finales del siglo XIX, Estados Unidos se unió a la estrategia de los rivales europeos del Reino Unido, sobre todo de Francia y Alemania, de utilizar políticas gubernamentales para sostener el desarrollo de sus propias industrias manufactureras, en lugar de dejarlo a la iniciativa del libre mercado, como había hecho el Reino Unido.

Hacia finales de siglo, la mayor parte de la población británica ya residía en ciudades; en comparación, la población urbana de Francia apenas sumaba un cuarto. En esta etapa, sin embargo, el Reino Unido empezó a verse superado por sus antiguos súbditos estadounidenses, quienes, tras desposeer a sus ocupantes indígenas de sus tierras, abrieron vastos territorios al oeste a la colonización. Esto permitió a Estados Unidos acoger inmigración masiva durante todo el siglo XIX y principios del XX, que duplicó la población cada pocos años; una tasa de expansión que ningún rival europeo podía igualar. Esto no solo derivó en enormes incrementos de producción, sino que también generó nuevos y masivos mercados para un sector industrial en auge. Ante la explotación a gran escala y las protestas resultantes, con el tiempo, se empezó a incrementar los salarios. Por otra parte, aunque Estados Unidos experimentó los disturbios y la agitación socialista similar a la que se propagó por las ciudades europeas de la época, la nación contaba con una importante válvula de escape que contuvo los costes laborales. Los descontentos siempre podían probar fortuna en el oeste y a todas horas llegaban por las puertas de la isla de Ellis, el punto de entrada a Estados Unidos, nuevos obreros para reemplazarlos. A consecuencia de este firme crecimiento, a finales del siglo XIX Estados Unidos superó la producción económica total del Reino Unido, con lo que inauguró su época dorada.

El milenio de evolución económica del hemisferio occidental, está, así pues, marcado por cambios periódicos en el epicentro geográfico de máxima prosperidad. El crecimiento del capitalismo impulsó una incesante demanda de nuevos mercados, nuevos productos y nuevas fuentes de suministro, que desplazaron su localización cada vez más lejos del corazón originario del norte de Italia. Una sencilla lógica –basada en la disponibilidad de mano de obra y materias primas– estableció unos niveles asombrosos de crecimiento económico en todo el Occidente emergente durante el Medievo tardío y la Era Moderna. Primero el norte de Italia, luego España y Portugal, después Holanda, Francia y Gran Bretaña y, por fin, Estados Unidos ascendieron a una posición de dominación económica, a medida que las nuevas oportunidades interactuaban con el surgimiento de nuevas fuentes de materias primas y trabajo, que, a su vez, permitían controlar valiosos tráficos exportadores. En cada transición, a pesar de que las mejoras de transporte facilitaban la emergencia de nuevas redes comerciales, el grueso de la producción local se consumía a nivel local o, como mucho, regional.[1] No obstante, la variable crucial que modificó el epicentro de prosperidad fue la riqueza extra generada por los tráficos exportadores de las diferentes eras.

De vuelta a Roma, el ascenso del Occidente moderno nos ayuda a explicar el misterioso declive inicial del núcleo italiano original del imperio. Aquí, la simple lógica económica también impuso el traslado de la dominación económica lejos del centro imperial inicial. En este caso, la producción industrial casi no tuvo ningún papel en las cambiantes pautas de prosperidad dentro de los confines imperiales, cuya economía siguió teniendo un abrumador carácter rural. Entre el siglo I a. C. y el I d. C., las industrias vinícolas y de aceite de oliva con base en Italia –además, hasta cierto punto, de la cerámica y puede que del grano, si bien esto es invisible para la arqueología– exportaron sus productos en grandes cantidades, en particular a las recién adquiridas posesiones europeas de Roma. Con el tiempo, los recursos agrarios del resto del imperio, gracias a las condiciones macroeconómicas creadas por la *Pax Romana*, se desarrollaron a fondo y eclipsaron por completo la dominación italiana inicial, entre otros motivos porque la tecnología de transporte era muy limitada y cara.

Con carros que se desplazaban un máximo de cuarenta kilómetros diarios hacían falta semanas para trasladar por tierra bienes entre las provincias del imperio; algo muy diferente de los trenes y buques que entrelazaron los imperios modernos. Además, el precio de un carro de trigo, según informa el *Edicto de Precios Máximos* de Diocleciano del año 300, se duplicaba con cada ochenta kilómetros de trayecto; un incremento impulsado tanto por la necesidad de alimentar a los bueyes, como por el pago de un sinfín de peajes internos. En este contexto, a medida que las tierras conquistadas empezaron su propia producción intensiva, los productos locales, y, por tanto, más baratos, inevitablemente eliminaron las importaciones italianas.

En las postrimerías del periodo imperial, el comercio de larga distancia prevalecía solo si un bien no podía producirse en el ámbito local (el vino y el aceite de oliva, por ejemplo, en tierras no mediterráneas), o si se pagaba a precios muy elevados (tipos raros de mármol o vinos caros, diferentes a las variedades comunes o a las de los cultivos locales). La otra excepción eran los bienes que aprovechaban las estructuras de transporte que el Estado subsidiaba para sus propios fines, sobre todo la alimentación de las grandes capitales imperiales o el abastecimiento militar (al parecer, los navieros que transportaban grano, vino y aceite por cuenta del Estado aprovechaban para llevar otros bienes en sus bodegas). Sin embargo, tales intervenciones eran escasas y la lógica del coste del transporte comenzó, desde fecha muy temprana, a impulsar el desarrollo de las provincias romanas a expensas del antiguo núcleo central italiano. La sobredimensionada ciudad de Roma se convirtió en una gran importadora de vino, aceite y otros bienes desde Hispania, el norte de África y del Mediterráneo en general.[2]

PROVINCIALES

Tras estos cambios macroeconómicos, e impulsándolos, había millones de historias individuales. La de Ausonio era una de ellas. Él mismo no era del valle del Mosela y al inicio del poema vemos deslizarse un matiz local de orgullo galo:

> Entonces, en este suave paisaje [del valle del Mosela], todo me trajo al recuerdo el campo de Burdeos, mi floreciente patria [vv. 18-19].

Aunque ignoramos las raíces ancestrales de su familia, esta pertenecía a la tribu de los bituriges viviscos, sometidos por Julio César cuatro siglos antes de que Ausonio llegara a Tréveris, en el valle del Mosela. Burdeos, el antiguo *oppidum* celta de Burdigala, fue refundada tras la conquista como una ciudad romana con un consejo formado por miembros de la nobleza tribal de la zona, quienes, con el tiempo, adquirieron todos los elementos distintivos de la cultura imperial –aprender latín, construir villas, baños y templos– y emplearon los cargos locales para adquirir la ciudadanía romana. El padre de Ausonio surgió de este entorno y se convirtió en un preceptor en la nueva capital imperial de oriente, Constantinopla. El propio Ausonio pasó de enseñar en la universidad a ser el tutor privado del hijo del emperador reinante. Con el ascenso al trono del primero, detentó algunos de los cargos más altos del Estado, incluido el propio consulado.*

Esta historia de éxito familiar en dos generaciones se basó en una prosperidad agraria sólida y creciente. La región de Burdeos era un centro de producción vinícola ya durante el periodo romano y su riqueza creció gracias a la estabilidad política y económica otorgada por la *Pax Romana*. La familia combinó esta riqueza con una intensa participación en los requerimientos culturales de la vida pública romana y también con un buen ojo para hallar la vía más rápida hacia una prosperidad aún mayor. En torno al siglo IV, el servicio en el consejo municipal ya no era una opción atractiva porque, como ya vimos en el primer capítulo, el imperio confiscó las rentas que los consejos solían controlar. Como hicieron el padre y los hijos de Ausonio, era en el sistema imperial en expansión donde había que ir a buscar el dinero y la influencia. Muchos de los pares de Ausonio exigieron y recibieron empleos en diversos niveles de la expansiva burocracia imperial, otros se hicieron juristas como Teodoro, mientras que los Ausonios siguieron una senda bien conocida hacia el éxito

---

* N. del T.: Ausonio fue tutor de Graciano (*r.* 375-383), hijo de Valentiniano I (*r.* 364-375); en el reinado de Graciano como emperador en la parte occidental del imperio, Ausonio fue designado prefecto del pretorio de la Galia en 375 (de hecho, se produjo entre 378 y 380 la unión de las prefecturas del pretorio de las Galias, Italia, África y el Ilírico, que estuvieron bajo el mando de Ausonio y su hijo Hesperio) y fue cónsul en 379.

mundano, el de la excelencia cultural. Con respecto a la élite romana, su cultura compartida y diferenciada –basada en el estudio intensivo de la lengua y la literatura– era lo que la convertía en una sociedad única, civilizada y racional, por lo que el estudio era una poderosa carta en el juego del progreso personal.[3] En todo caso, los beneficios obtenidos de la participación en las estructuras del Estado volvían a casa en forma de extensas propiedades agrarias. La carrera de Ausonio en la corte, como académico y político, no fue una excepción. Cuando las cosas iban mal, la tierra era la única inversión sólida en la economía abrumadoramente agraria de Roma.

La evolución del moderno imperio de Occidente fue impulsada por una colección similar de historias individuales de éxito. Al igual que los Ausonios de la Antigüedad, los orígenes de la gran familia Vanderbilt son oscuros. En el siglo XVII, cuando las compañías comerciales europeas adquirían con avidez colonias en ultramar, se autorizó en los Países Bajos la Compañía Neerlandesa de las Indias Occidentales. Una de sus primeras empresas fue el establecimiento de un puesto comercial en el extremo sur de la isla de Manhattan, que se convirtió en la capital de Nueva Ámsterdam. Con el fin de aprovisionar el fuerte, se importaron granjeros desde Holanda,* quienes pronto descubrieron que el suelo era mucho más fértil en la larga isla situada al este de Manhattan: Breuckelen (más tarde adaptado al inglés como Brooklyn).

Uno de estos granjeros fue Jan Aertsen («hijo de Aert»), también conocido como Vanderbilt («De Bilt»), debido a que procedía de la aldea de Bilt, en las afueras de Utrecht. Con 13 años de edad, y sin un centavo, cuando emigró en 1640, durante tres años fue aprendiz de un colono irlandés y, más tarde, estableció su propia granja. Desde 1661, su nombre empieza a aparecer en los registros escritos y hacia finales de siglo la familia estaba bien establecida en Long Island. Para entonces, los británicos habían ocupado la colonia, que renombraron Nueva York, aunque los Vanderbilt, al igual que tantos otros colonos neerlandeses, se adaptaron sin problema al nuevo régimen. Aprendieron inglés para interactuar con el nuevo

---

* N. del T.: Se trata de la provincia de Holanda, una de las Provincias Unidas de los Países Bajos (el nombre formal de Países Bajos en el siglo XVII y casi todo el XVIII), que fue República de los Siete Países Bajos Unidos [Republiek der Zeven Verenigde Nederlanden]).

gobierno y el creciente número de colonos británicos, pero, por lo demás, la vida siguió igual que antes. A finales del siglo XVIII, la mayoría de las familias neerlandesas seguía gestionando el grueso de sus negocios y asuntos sociales en su lengua natal.

Flexibles y pragmáticos, en 1776, cuando Estados Unidos se declaró independiente, los neerlandeses se habituaron sin problema a un nuevo cambio de régimen. A medida que la nueva nación se hacía más próspera, se expandió el comercio y el primer Cornelius Vanderbilt, cuadrinieto de Jan, que tenía 12 años en 1776, empezó a suplementar los ingresos de la granja con una pequeña embarcación que transportaba productos a la ciudad. Su hijo y tocayo, nacido en 1794, dejó por completo la agricultura y, con un poco de dinero familiar, adquirió una barca algo más grande para transportar bienes y pasaje desde y hasta la ciudad. Tanto éxito tuvo su empresa que pronto adquirió más embarcaciones y, cuando estalló la guerra de 1812 entre el Reino Unido y Estados Unidos, se necesitaron aún más para aprovisionar los puertos costeros de Norteamérica. Más tarde, expandió sus operaciones a naves de vapor y luego a buques trasatlánticos. Por fin, a mediados del siglo XIX, el «comodoro» diversificó sus negocios al ferrocarril, que prosperó inmensamente a partir del momento en que el Gobierno federal abrió el Oeste a los asentamientos europeos. Con las llanuras derramando montañas de grano en los mercados europeos y con millones de europeos acudiendo en masa a cultivarlo, los imperios marítimos y ferroviarios de los Vanderbilt se dispararon.

En varios e importantes aspectos, las dos historias familiares se parecen poco entre sí. Ausonio logró subir en el escalafón social en una época de relativo estancamiento económico y tecnológico. Las pautas de productividad del sistema romano cambiaban poco de un año al siguiente, por lo que las oportunidades de ascenso eran limitadas: haz fortuna con el vino y otros productos agrícolas, úsala para adquirir el capital cultural necesario para prosperar aún más en las redes sociales y políticas del imperio e invierte entonces los beneficios en una amplia cartera de latifundios. Los Vanderbilt, por su parte, en particular los dos Cornelius, vivieron uno de los periodos más espectaculares de revolución tecnológica y económica jamás conocido, con lo que la familia pudo explorar nuevas posibilidades mientras el comercio y la producción cambiaban a su alrededor. No obstante, hay otro aspecto, más fundamental, en el que las dos trayectorias repiten en esencia la misma pauta básica: son clanes provinciales ambiciosos que aprovechan las oportunidades del imperio para transformar la trayectoria de su historia familiar.

Cada uno dentro de su contexto, y no siempre con el mismo y colosal grado de éxito, la historia de los Vanderbilt y los Ausonios se replicó un millón de veces en el marco de la evolución de su respectiva historia imperial. Desde Britania a Siria, miles de miembros de la (en general) élite prerromana local maximizaron su posición para convertirse en prósperos y dignos ciudadanos imperiales, con una sustanciosa dosis de veteranos de las legiones romanas y administradores itálicos menores añadida a la mezcla emergente de la sociedad de provincias. Por supuesto, fue la creciente prosperidad de tales familias lo que potenció el ascenso económico de lo que antaño eran áreas periféricas y el eclipse relativo del viejo corazón itálico del imperio. Las fronteras del Imperio romano se conformaron en el momento en que se detuvieron las legiones; entre los límites de este arco fronterizo, una combinación de inmigrantes y nativos romanizados alimentó la prosperidad agraria que sostuvo el edificio imperial.

De igual modo, el moderno imperio occidental fue creado por los conquistadores y colonos que explotaron las nuevas oportunidades abiertas por la tierra, la mano de obra y los recursos naturales recién adquiridos. La escala de la migración moderna fue incomparablemente superior a la generada por los mecanismos del imperialismo romano. En su punto álgido, en las décadas iniciales del siglo XX, unos cincuenta y cinco millones de europeos partieron hacia el «Nuevo Mundo». En este proceso, dos factores empujaron en la misma dirección. De un lado, las tierras abiertas a la fuerza por los imperios europeos; el otro procedía de la misma Europa, donde el fuerte incremento de la mano de obra, combinado con el cambio tecnológico, expulsó a la población del campo.

Los avances en la tecnología médica, en particular la difusión de las vacunas y las mejoras de la higiene pública, provocaron un asombroso ascenso de la esperanza de vida occidental, en particular a partir de 1870, cuando los índices de mortalidad infantil iniciaron un espectacular descenso (*vid.* pág. 26). En Alemania, a mediados del siglo XIX, la mortalidad infantil se mantenía en un 50 por ciento, pero en las décadas posteriores cayó en picado, como también ocurrió en los otros países europeos, que partían de un porcentaje algo menor, aunque no por ello menos terrible, de alrededor del 30 por ciento. No obstante, pese a que sobrevivían más niños, el tamaño medio de las familias necesitó varias generaciones para ajustarse a la baja. En consecuencia, en un momento extraordinario de la historia demográfica, los europeos aumentaron de forma masiva su proporción de la población total del globo. Desde un nivel histórico de alrededor del 15 por ciento de la población –más o menos al que ha vuelto en la actualidad–, hacia la Primera Guerra Mundial una de cada cuatro personas sobre el planeta era europea. En esa misma era, las mejoras de la tecnología agrícola, que permitieron un cultivo más intensivo de la tierra, redujeron drásticamente la demanda de mano de obra agraria. Es más, allí donde las pautas agrarias tradicionales se mantuvieron junto con las nuevas granjas más grandes, como ocurrió en el sur de Europa, el tamaño medio de las fincas era cada vez más pequeño, a medida que la tierra se subdividía con cada nueva generación. El resultado fue que incluso los que permanecían en el campo no podían vivir de él. Para muchos, las colonias empezaron a ejercer un atractivo irresistible.

En lo que por aquel entonces eran territorios relativamente atrasados, los gobiernos recién independizados de países como Estados Unidos y Canadá, ansiosos por acelerar su desarrollo, no restringieron sus llamamientos a los antiguos núcleos imperiales, sino que se dirigieron a toda región europea con reservas abundantes de mano de obra, en particular del sur y este de Europa. Algunos de estos inmigrantes, como los Oppenheimer, los Carnegie, los Rockefeller y los Bronfman, al igual que los Vanderbilt, empezaron como colonos pobres y acumularon enormes fortunas. El efecto de todo esto fue que, hacia finales del siglo XIX, las familias más pudientes del mundo ya no eran miembros de la realeza europea o empresarios industriales británicos, sino nuevos magnates que habían hecho su fortuna al otro lado del Atlántico. Y, al igual que los Ausonios de la Antigüedad, las más grandes de esas nuevas familias cimentaron su auge con un retorno triunfal al viejo centro imperial, mediante matrimonios con familias nobles europeas (como hicieron los Van-

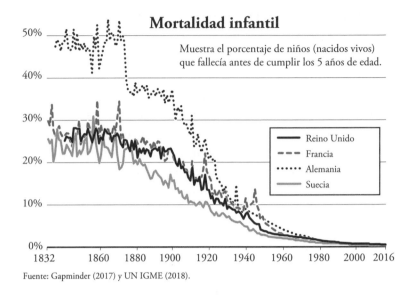

Mortalidad infantil

Muestra el porcentaje de niños (nacidos vivos) que fallecía antes de cumplir los 5 años de edad.

Reino Unido
Francia
Alemania
Suecia

Fuente: Gapminder (2017) y UN IGME (2018).

derbilt) para adquirir la distinción de clase que complementara su riqueza. Dado que por aquel entonces las aristocracias europeas, que basaban su riqueza sobre todo en la agricultura, se enfrentaban como mínimo, a un relativo declive económico, el acuerdo benefició a ambas partes.

La mayoría de inmigrantes quedó, no obstante, muy lejos de conseguir una riqueza y estatus social semejante y hubo muchos que desempeñaron un papel del todo involuntario en el proceso. Entre los siglos XVI y XIX el tráfico esclavista del Atlántico obligó a una cifra estimada de 12 millones de africanos a embarcar en naves que los transportaron a las plantaciones de las Américas para cultivar azúcar y algodón. Un número desconocido pereció antes de llegar.

Este horrible movimiento de personas a largo plazo alteró la trayectoria económica de las Américas de un modo que transformó el mundo. Pero, tanto si emigraban de forma voluntaria como si eran obligados a hacerlo, estas grandes masas de humanidad en movimiento fueron las que provocaron que las antiguas periferias provinciales del imperio superaran en prosperidad al núcleo original. Estas historias familiares proporcionan una comprensión más profunda de por qué los epicentros de prosperidad imperial cambiaron a lo largo de los siglos y una dimensión adicional en el *Mosella* de Ausonio nos revela por completo el proceso subyacente.

DOS IMPERIOS OCCIDENTALES

Es muy inusual disponer de evidencias de la recepción inmediata de una obra literaria de la Antigüedad, pero *Mosella* constituye una excepción fascinante. Provocó de inmediato una carta de queja de un senador romano de sangre azul llamado Quinto Aurelio Símaco. El problema: Ausonio no le había remitido un ejemplar. Símaco comenta que admiró su obra, si bien no dejó de gastar alguna broma —se supone que amable— a costa de los muchos peces que menciona Ausonio. («Y, sin embargo, aunque frecuenté tu mesa y admiraba muchos tipos diferentes de peces que nos ofrecían entonces en el palacio para comer, nunca descubrí ninguno de esa clase [I, 14, 4.]»),* por lo que el senador se vio obligado a echar un vistazo a otro ejemplar que corría por Roma. Sin embargo, cuando uno escarba un poco más, se da cuenta de que esta omisión de la lista de distribución no fue ningún descuido.

Dos años antes, Símaco encabezó una embajada senatorial enviada a la ciudad de Tréveris, en el valle del Mosela, donde, por aquel entonces, tenía su sede la corte occidental de Valentiniano I. Tréveris es el lugar donde Símaco conoció a Ausonio y cenó con él... Y quizá se sintió intimidado por su plato de pescado. Durante esta embajada, Símaco dio varios discursos en la corte de Valentiniano, de los cuales solo sobreviven algunos fragmentos. Aun así, uno de ellos resulta muy revelador. La visión de Símaco de la frontera noroeste del imperio presentaba una marcada diferencia con respecto al *Mosella* de Ausonio. Símaco no se concentró en el carácter profundamente romano de la región, sino en el rol heroico del «Rin semibárbaro» en la protección del Tíber (léase: «Roma»): el corazón de la civilización imperial.

Esto nos revela, de repente, el verdadero significado del poema de Ausonio: *Mosella* era la respuesta de un orgulloso galo de provincias a la actitud paternalista de un grande de Roma. Como cabría esperar, la versión de Ausonio tuvo en la corte de Tréveris una recepción infinitamente mejor que los discursos de Símaco, que fue enviado de regreso a su ciudad con la dignidad menor de «conde de tercera clase» (lo cual era tan malo como suena, con la chanza adicional de

---

* N. del T.: Símaco, *Cartas*, libros I-V, J. A. Valdés Gallego (trad. intro. y notas), Madrid, Gredos, 2000.

que se consideraba un acto de traición no emplear el cargo imperial que se le había conferido, por lo que Símaco quedó para siempre obligado a anunciar en público su fracaso). Por su parte, Ausonio ascendió a mediados de la década de 370: pasó de ser tutor imperial a asumir altos cargos estatales; en última instancia, llegó a ser cónsul en 379. Este intercambio epistolar entre Ausonio y Símaco, tan entretenido y tenso, nos lleva a otra de las conclusiones clave generadas por la comparativa entre Roma y el Occidente moderno: la cuestión del desarrollo político.

El Imperio romano comenzó su existencia, como todos los imperios, como un Estado conquistador. La mayor parte de las provincias sometidas a punta de espada no solo experimentó la brutalidad de la subyugación inicial, sino también, al menos, una gran revuelta posterior. La destrucción de Colchester, Saint Albans, Londres y parte de la *Legio IX Hispana* desencadenada por Boudica en 60 d. C. era de esperar, dadas las circunstancias. No obstante, tales revueltas solían tener lugar durante las primeras décadas de dominación romana y, con el tiempo, el estatus político de las provincias y de las élites provinciales como los Ausonios cambió hasta resultar irreconocible. La dominación económica de las antiguas provincias conquistadas estuvo acompañada –como ilustra la disputa entre Ausonio y Símaco– de una transformación política fundamental. A partir del siglo II d. C. el imperio siguió siendo una entidad en teoría unificada y dirigida desde Roma, pero, debido a sus vastas dimensiones y comunicaciones rudimentarias, el control de la capital sobre las regiones periféricas fue cada vez más limitado. Hacia el periodo tardoimperial, lo que sostenía el entramado imperial no era un centro dominante, sino algo mucho más poderoso: estructuras comunes financieras y legales, situadas en la cúspide de profundos valores culturales celebrados y compartidos por una clase dirigente romana, ahora mucho más extensa, de terratenientes provinciales.

Hacia 399, después de cuatrocientos años de imperio, hacía mucho tiempo que los antiguos súbditos conquistados por Roma se habían adaptado al nuevo y desconocido mundo creado por las legiones. Si querías llegar a alguna parte en esta colosal estructura del periodo inicial, primero tenías que lograr la ciudadanía romana y unirte al culto imperial, dos cosas que requerían que las élites provinciales recrearan una copia aceptable de la alta cultura imperial. En torno al siglo IV, como nos muestra el historial de Ausonio, las carreras más provechosas se hallaban en el servicio imperial y, por tanto, la gran expansión de la burocracia se debió a la demanda de los consumidores de provincias, no a un designio burocrático totalitario. Durante todo este proceso, el éxito requería que las élites provinciales adoptaran de forma absoluta (y muy cara) las normas culturales grecorromanas del imperio, con el resultado de que, hacia el siglo IV, los provinciales, desde el muro de Adriano al Éufrates, habían asumido por completo el latín, las ciudades, las togas y la filosofía de vida de sus conquistadores. Incluso el cristianismo se propagó gracias a su incorporación a la cultura de la clase dirigente y, como pone de relieve la disputa entre Ausonio y Símaco, un funcionario de provincias de Burdeos podía emplear la literatura latina para darle una dura –aunque civilizada– lección a un senador de sangre azul.

El Estado conquistador original dirigido desde Roma evolucionó hasta convertirse en una vasta comunidad económica euroasiática, con una estructura tributaria común que servía para el sostenimiento del Ejército. Este, a su vez, protegía el armazón imperial, una estructura legal que definía y preservaba la prosperidad de las élites provinciales y el sentido compartido de superioridad moral y ética que les inculcó su educación. El imperio ni siquiera se dirigía desde Roma, pues esta estaba demasiado apartada de las fronteras clave; el Rin y el Danubio en Europa y el Éufrates, orientado hacia Persia. Esta fue la era del «imperio de dentro hacia afuera» dirigido desde nuevos núcleos políticos y económicos mucho más cercanos a la frontera. Pese a que, por motivos prácticos, la división política del imperio fue necesaria, con una mitad oriental dirigida desde Constantinopla y la occidental desde Tréveris en el Rin o Milán en el norte de Italia, la unidad legal y cultural del imperio pervivió. Cuando Teodoro recibió su consulado, Roma era un gran centro educativo, cultural y simbólico, pero eso era todo: «un recinto sacro», como escribió un comentarista del siglo IV, «apartado del camino».*

---

* N. del T.: El comentarista referido es Temistio (*ca.* 317-388), filósofo, rétor y alto funcionario imperial del siglo IV. La frase «un recinto sagrado, fuera de las rutas» pertenece al discurso *El amor fraterno* (o *Sobre la humanidad*), panegírico a Valentiniano I, primavera de 364 o quizá invierno de 364/5 [Them., VI, 21, d].

La segunda lección que extraer de la historia imperial romana es prosaica, aunque profunda. Los imperios no son entidades estáticas, «cosas». Son sistemas dinámicos de integración económica y política. Por tanto, todo imperio que perdure en el tiempo evolucionará a medida que la relación entre los diferentes elementos del sistema vaya cambiando, así como transformará las estructuras de conjunto del propio sistema. En consecuencia, los cambios de importancia en la localización del poder económico estarán acompañados con rapidez por las correspondientes transformaciones del poder político.

Esto nos proporciona una lente a través de la cual examinar la evolución del moderno imperio occidental. Incluso aquellos que niegan su existencia –de acuerdo con el razonable argumento de que no es una entidad única establecida por una serie de conquistas, u organizada desde un único centro metropolitano– no pueden negar la continuidad del crecimiento de la economía occidental, que culminó en su extraordinario porcentaje del PIB global del año 1999. En ese momento, a pesar de sus orígenes violentos y competitivos –el primer y verdadero conflicto global de la historia de la humanidad se libró entre Gran Bretaña y Francia en una serie de guerras del siglo XVIII– la posición de dominio global del bloque occidental de naciones se basó en niveles profundos de integración económica interna, en términos de comercio, flujos de capital y migración humana. Multitudes enormes de inmigrantes de los viejos centros europeos del imperio contribuyeron a la creación de su sucesor –el moderno Estados Unidos–, por lo que no sorprende que existan importantes vínculos y valores compartidos, manifiestos en los enlaces matrimoniales entre las élites estadounidenses y europeas o la imitación estadounidense de modelos de cultura europea. Cuando Vanderbilt trasplantó el pináculo de la alta cultura europea, la universidad, a Estados Unidos y financió un centro que, con el tiempo, llevó su nombre, a los candidatos a estudiar en ella se les exigió trabajar con fluidez en latín y griego.

A la larga, esta cultura imperial común, el equivalente moderno al latín, las ciudades y las togas halló su expresión legal, financiera e institucional: un homólogo moderno al ascenso de las provincias hacia la dominación económica y política dentro del Estado imperial romano de adentro hacia afuera del siglo IV. Después de la Segunda Guerra Mundial, cuando Estados Unidos gozó de una etapa de hegemonía tan completa que podía disciplinar a sus inquietos aliados, se creó una serie de instituciones –Naciones Unidas, el Banco Mundial y el Fondo Monetario Internacional (FMI), la OTAN, el Acuerdo General sobre Aranceles Aduaneros y Comercio (GATT), la OCDE, el G7– que consagraron el dominio global de los gobiernos occidentales y de los principios que respaldaban: mercado, libertad, democracia, soberanía nacional y orden multilateral. Aun aceptando sus diferencias en cuanto a los detalles de sus modelos nacionales respectivos (en particular de la provisión de servicios gubernamentales y la política exterior) los países de Occidente se unieron en torno a un conjunto de valores compartidos que facilitaba un alto grado de cooperación en sus relaciones. Para supervisarlo todo, como en la Antigua Roma, había una potencia militar dominante, Estados Unidos, capaz de garantizar un mínimo de continuidad y estabilidad en los confines más apartados del imperio.

La evolución política de estos dos imperios de occidente, entendidos como sistemas imperiales perdurables y en evolución, no es tan diferente como pudieran sugerir las apariencias iniciales. El Imperio romano, aunque creado por conquista, evolucionó y se convirtió en una comunidad económica de dominio global (dentro de su propio contexto) que descansaba sobre una piedra angular formada por estructuras comunes, financieras, culturales y legales. Su homólogo moderno, aunque surgió de un intenso conflicto entre sus futuros socios, hacia 1999 acabó más o menos en el mismo lugar: un organismo autoconsciente con importantes valores comunes que opera por mediación de un conjunto de instituciones legales y financieras comunes.

Dos fuertes paralelismos surgen entre las historias de Roma y del Occidente moderno. La crisis golpeó a ambos sistemas en sus momentos de supuesta prosperidad máxima y, a largo plazo, ambos experimentaron cambios periódicos en sus epicentros internos de dominio económico y político. Tales paralelismos no son en absoluto accidentales. El motivo por el cual la crisis sacude a sistemas imperiales profundamente arraigados en su punto de máxima prosperidad se revela con claridad cuando dirigimos la mirada al exterior, pues dichos sistemas no dejan de operar en los límites de sus fronteras oficiales. En su supremacía, ambos imperios se hicieron ricos a costa del mundo que les rodeaba. Pero, al hacerlo, transformaron sin querer el contexto geoestratégico en el que actuaban y es ahí donde se asientan las raíces de su propia destrucción.

NOTAS

1   Incluso hoy, el grueso de la producción de la economía estadounidense se consume dentro de sus fronteras y, de su comercio exterior, Canadá y México representan la mitad; las pautas de épocas anteriores, durante los periodos de dominación británica, francesa o neerlandesa, no fueron muy diferentes.

2   En esta época, Constantinopla era el destino principal de las exportaciones similares de Egipto o de las provincias romanas de Oriente Medio.

3   Podrían explicarse historias similares de numerosos individuos de la élite de la mitad oriental del imperio. Aunque su educación se hacía en griego, transmitía exactamente los mismos mensajes ideológicos y también los preparaba, hacia el siglo IV, para prosperar en las estructuras imperiales.

CAPÍTULO 3

Al este del Rin, al norte del Danubio

Alrededor del año 30 d. C., un mercader romano llamado Gargilio Segundo adquirió una vaca a un hombre llamado Stelos. Stelos venía de más allá de la frontera –la clase de persona que los romanos tachaban de bárbaros, lo cual le hacía inferior por definición– y vivía cerca de la moderna localidad neerlandesa de Franeker, al este del Rin. La transacción costó 115 *nummi* de plata; lo sabemos porque fue consignada en una pieza de madera dragada de un río neerlandés. Un intercambio a pequeña escala y en todo punto anodino: si ocurrió una vez en las fronteras europeas de Roma, ocurrió un millón de veces. En el siglo precedente y en el posterior al nacimiento de Cristo, un gran número de soldados romanos estuvo acantonado en la frontera del Rin. Formaban una fuente vasta y sin precedentes de demanda económica: así, por ejemplo, en su esquina noroeste se establecieron 22 000 efectivos romanos en un territorio habitado por no más de 14 000 nativos recién sometidos (conocidos como los cananifates). Era imposible que estos pudieran cubrir sus necesidades de alimentos, forraje y otros materiales naturales, tales como madera para construir y cocinar o cuero. Una legión de 5000 hombres requería, aproximadamente, 7500 kilos de grano y 450 kilos de pienso al día, o 225 y 13,5 toneladas mensuales. Algunas de las necesidades de los soldados se abastecían directamente desde el centro imperial, pero esto era lento y un problema logístico en un mundo en el que el trigo duplicaba su precio cada ochenta kilómetros de desplazamiento.

Siempre que fuera posible, era mucho mejor pagar en efectivo y que los proveedores locales cubrieran la demanda: el que dos centuriones fueran testigos de la compra de Segundo sugiere que este suministraba a los militares.

Tras la pérdida del general romano Varo y sus tres legiones en la batalla del bosque de Teutoburgo, en el año 9 d. C. –en la que una coalición de germanos parcialmente sometidos y acaudillados por Arminio logró reafirmar su independencia política– la expansión de Roma en áreas al este del Rin empezó a detenerse. Más al sur, la línea este-oeste del Danubio formó de inmediato una marca fronteriza similar y, hacia mediados del siglo I, el arco de los dos cursos fluviales empezó a delimitar la línea de demarcación geográfica del intenso desarrollo económico y cultural de las provincias, que, con el tiempo, dieron lugar a Ausonio y a muchos otros de su misma clase social. No obstante, aunque operando con menos intensidad al otro lado, los efectos económicos transformadores de este vasto sistema imperial no se detuvieron en sus fronteras.

Dentro del marco general del sistema imperial romano, las oportunidades para las poblaciones vecinas asumieron dos formas básicas. Una tenía lugar cerca de la frontera, a uno y otro lado: el suministro a las legiones, como nos recuerda la supervivencia fortuita del registro de la venta de la vaca de Stelos. La segunda implicaba redes de comercio a larga distancia, que se extendían mucho más lejos, en el interior del centro de Europa. El más conocido es el tráfico de ámbar: savia coagulada de antiguos bosques sumergidos, muy apreciada en el mundo mediterráneo para su uso en joyería. El ámbar se recogía en las costas del Báltico meridional y se transportaba al sur por rutas específicas hasta varios puntos de la frontera danubiana de Roma. También existía una constante demanda de mano de obra. Aunque las legiones estaban formadas por ciudadanos romanos, la mitad del ejército se componía de auxiliares carentes de ciudadanía, que podían reclutarse a uno u otro lado de la frontera. Las inscripciones dejan constancia de numerosos reclutas del otro lado que vivieron largas vidas y prosperaron en el mundo romano, si bien muchos otros regresaron para retirarse en su hogar. Junto con este flujo voluntario de población, existían redes esclavistas consolidadas. Al contrario que el tráfico de esclavos del ámbito vikingo al final del milenio, bien documentado, las fuentes que nos han llegado no dejan claro quién se dedicaba a la captura de esclavos en el periodo romano, ni de qué partes de Europa solían proceder las víctimas capturadas. Sin embargo, los esclavos domésticos y la mano de obra extra para los campos tenían una demanda constante en un mundo romano de alta mortalidad infantil (la mitad de todos los niños moría antes de cumplir los 5 años) y bajas densidades de población.

Las limitaciones de las fuentes a nuestra disposición dificultan explorar los efectos del estímulo económico del imperio por medio de las existencias individuales de quienes vivieron más allá de sus fronteras, como podemos hacer en el caso del Occidente moderno y del pasado más reciente. Sin embargo, en décadas recientes, la arqueología nos ha proporcionado una sorprendente visión de conjunto. Al inicio del primer milenio de nuestra era, Europa se dividía en tres zonas de desarrollo muy desigual. Las poblaciones más densas y los mayores asentamientos, reflejo de tecnologías agrícolas más productivas y redes de intercambio más complejas, estaban al oeste del Rin y al sur del Danubio. Más al este, en una segunda zona del norte y centro de Europa que se extendía hasta el rio Vístula, en la actual Polonia, los cultivos de subsistencia mantenían a densidades de población más bajas y asentamientos más pequeños y temporales, con escasas evidencias de intercambios de ningún tipo. En ciertas partes de esta región, las únicas estructuras de factura humana que se empleaban durante más de una o dos generaciones eran los cementerios: estos se utilizaban de forma continua y para diversos propósitos, entre ellos reuniones sociales de diferentes tipos, en el transcurso de varios siglos. La economía agraria predominante no podía mantener la fertilidad de los campos el tiempo suficiente como para generar asentamientos de larga duración, de modo que los lugares de enterramiento de las comunidades proporcionaban sus focos más permanentes. Más allá del Vístula y del arco exterior de los Cárpatos, la tercera zona —exterior— de Europa estaba cubierta por densos bosques, con regímenes agrarios aún más simples, densidades de población más bajas y ningún signo de redes de intercambio fuera del ámbito local.

El descubrimiento de esta pauta general ha hecho posible llegar a dos conclusiones adicionales. La primera explica por qué la expansión romana se detuvo donde lo hizo. Como también se ha observado en el caso de la antigua China, los imperios que dependen de la producción agrícola arable tienden a detenerse justo un poco más allá del punto donde el potencial productivo de los nuevos territorios hace que valga la pena asumir el coste de su conquista. La ecuación subyacente de coste-beneficio en términos generales es cierta, si bien la ambición imperial empujará a los ejércitos un poco más allá de la línea de beneficio neto. En el caso romano, algunas de nuestras fuentes comentan que, en realidad, no valía la pena conquistar Britania cuando Claudio envió a cuatro legiones al norte del canal de la Mancha en 43 d. C., así como que no fue la derrota de Varo –vengada por completo durante la década siguiente–, sino la relativa pobreza de la región entre el Rin y el Elba lo que hizo que las legiones se detuvieran allí. La segunda conclusión, aún más importante, nos permite trazar la escala de la posterior revolución generada por entre trescientos y cuatrocientos años de demanda económica sostenida romana sobre el *hinterland* inmediato del imperio.

Puede que los romanos siguieran tachando de bárbaros a todos sus vecinos, pero un cambio importante empezó a ganar empuje. Hacia el siglo IV, los modos agrarios de subsistencia prevalecientes en la segunda zona, la del centro y norte de Europa, se habían reemplazado por regímenes de cultivo más productivos con un mayor énfasis en cosechas de grano, que suelen producir mucho más alimento por hectárea que la cría de ganado, en la franja de territorio justo más allá de tales fronteras. Esta minirrevolución agraria, a su vez, sostuvo a poblaciones mucho más grandes, asentamientos más extensos y estables y sustanciosos excedentes agrícolas, parte de los cuales se convertía en efectivo y en bienes romanos en la frontera. A partir de finales del siglo I d. C. comenzaron a aparecer pueblos grandes y estables en esta parte de la Europa central de la Edad del Hierro. Su relación económica con el imperio se hizo tan estrecha que, hacia el siglo IV, la moneda romana era el medio de intercambio habitual en muchas de sus regiones fronterizas: entre las tribus germánicas, se incluía, por ejemplo, a los godos tervingios del Bajo Danubio y a los alamanes del Alto Rin. Las importaciones romanas, en particular de vino y aceite de oliva, aunque también de bienes mucho más mundanos, abundan en los vestigios del siglo IV de esta misma franja de territorio, que se extiende un centenar de kilómetros, o más, al otro lado de la frontera romana defendida. Parte de esta llegó incluso a ser testigo de una modesta pero notable expansión del intercambio y de la producción de artesanías. En algunos lugares aparecieron manufacturas alfareras locales gracias a la introducción del torno y una nueva industria vidriera no romana empezó a atender la demanda de más allá de la frontera. Es evidente que ambas industrias seguían el modelo romano y quizá se basaron directamente en la experiencia romana. Las referencias históricas confirman la continuada importancia, hasta entrado el siglo IV, de exportaciones invisibles para la arqueología –alimentos, animales, mano de obra– que iban en la otra dirección. Igualmente, la producción de mineral de hierro experimentó un espectacular incremento en ciertas regiones de la Europa bárbara, en parte para cubrir la demanda romana.

Tras esta transformación macroeconómica había un sinfín de innovadores y emprendedores a pequeña escala, como Stelos, que respondió a las oportunidades económicas ofrecidas por la demanda sin precedentes de los legionarios, con la introducción de las prácticas agrarias más extensivas que, con el tiempo, aparecieron a ambos lados de la frontera. Dado que la mayor parte de las transacciones individuales se registraba en materiales perecederos como madera o papiro, no es posible narrar estas historias de éxito personal; sin embargo, la masiva evidencia arqueológica nos presenta llamativas pruebas materiales de la nueva riqueza que fluía hacia las sociedades no romanas del otro lado de la frontera, a la vez que se generaba en su seno. Es también evidente que esta nueva riqueza no se compartía de forma igualitaria, ni en la periferia ni en el centro. La idea de que las poblaciones de lengua germana que dominaban la mayor parte de la zona dos de Europa en los inicios del primer milenio se caracterizaban por su igualdad social no es más que un viejo mito nacionalista. La nueva riqueza, en general, reforzó las diferencias existentes y es probable que creara algunas nuevas. La élite social de la frontera tenía por costumbre hacerse enterrar con las joyas y accesorios que habían vestido en vida y, con el tiempo, estos empezaron a fabricarse en plata procedente de denarios romanos.

Los efectos transformadores del contacto económico con el imperialismo romano tampoco fueron iguales en términos geográficos. La tercera zona de Europa, al norte y este del Vístula y de los Cárpatos, estaba, hasta donde podemos ver, tan apartada de las fronteras de Roma que quedó del todo intacta por estos procesos de transformación. Casi no se han encontrado allí importaciones romanas, ni tampoco sus poblaciones figuran en ninguna acción narrada en las fuentes antiguas (si bien es posible que algunas de las redes esclavistas llegaran hasta estos territorios remotos en busca de presas). Sin una asistencia técnica muy especializada, es casi imposible distinguir los vestigios de la región de 500 a. C. de los de 500 d. C. En esta tercera zona, muy pocas cosas cambiaron durante el milenio que abarcó el ascenso y caída de Roma.

En la historia general de desarrollo más allá de las fronteras de Roma, la proximidad al centro lo era todo. Hacia el siglo IV d. C., las pruebas más numerosas de la transformación socioeconómica en el interior de la zona dos –como cabe esperar en un mundo en el que el transporte era tan lento y caro– se limitaban a la periferia interna del imperio, de poco más de cien kilómetros de ancho, donde las poblaciones locales podían dar una respuesta más efectiva a las oportunidades económicas del imperio. Entre esta periferia interna y el mundo intacto de la zona tres se desarrolló una periferia exterior que se extendía otros doscientos kilómetros desde la frontera imperial. Las importaciones romanas estaban presentes, aunque en cantidades más pequeñas en comparación con la periferia interna y es probable que la región solo sirviera de fuente de bienes más lujosos –como ámbar o personas– que valía la pena transportar a través de grandes distancias, dado que estaba demasiado alejada de la frontera para participar en las redes de suministros legionarias. No obstante, aquí los contactos con el imperio fueron todavía lo bastante importantes para dejar efectos visibles. En fechas recientes ha emergido un retazo fascinante de esto, con la identificación de varios centenares de kilómetros de caminos y pasos en el *hinterland* meridional del Báltico, construidos durante los primeros siglos de nuestra era presumiblemente al servicio y el control del creciente comercio de ámbar (y es posible que también de esclavos, aunque no hay forma de estar seguros). En un principio, se pensó que, probablemente, eran construcciones eslavas de finales del primer milenio, pero el análisis dendrocronológico (la datación mediante los anillos de árboles) las ha situado con seguridad en el periodo romano. Las grandes dimensiones de la obra evidencian el valor general de la red de intercambio que servían dichas comunicaciones.

El poder imperial romano se expandió hacia fuera por tierra desde el círculo del Mediterráneo, dado que carecía de los medios para transportar a sus legiones a otras partes del globo. De igual modo, esta misma limitación supuso que las operaciones a largo plazo del sistema imperial romano creado por las conquistas iniciales generaran unas pautas geográficas relativamente simples. La conquista formal se irradió desde Roma hacia el exterior durante el siglo previo y el posterior al nacimiento de Cristo, hasta que se quedó sin territorios de valor que justificaran el precio de la anexión. Los territorios en el interior de dicha línea comenzaron el lento camino hacia el estatus de provincias, mientras que, más allá de esta, poco a poco surgió una periferia interna cuyas poblaciones tenían suficiente acceso al imperio para generar unas redes de intercambio económico más intensivas. Más allá de eso, había una periferia exterior, demasiado remota para satisfacer cualquier demanda imperial que no involucrara artículos de lujo que valieran el coste y el esfuerzo del transporte a larga distancia. Aún más lejos, el mundo más allá del río Vístula, no tenía ninguna relación visible con el sistema romano.

Por el contrario, el moderno imperialismo occidental creció hasta abarcar todo el globo. Creado por potencias con elementos navales y ferroviarios capaces de construir vastas redes imperiales, el moderno occidente generó pautas geográficas mucho más complicadas. Sin embargo, si se examinan más de cerca, puede verse que sus estructuras económicas entrelazadas operaban de un modo bastante parecido al de su antiguo homólogo romano.

«POSEEMOS EL MAYOR IMPERIO QUE JAMÁS HAYA EXISTIDO»

En 1853, un muchacho adolescente partió de la ciudad guyaratí de Navsari para reunirse con su padre en Bombay. Durante generaciones, los Tata habían sido sacerdotes parsi en Navsari, pero, en la primera mitad del siglo XIX, Nusserwanji Tata rompió el molde familiar y estableció en Bombay un pequeño negocio de exportación. Su hijo, Jamsetji, debía recibir allí una educación inglesa, en la nueva escuela que en el futuro llegó a ser el Elphinstone College. La ciudad, en aquella época bajo control británico, estaba en plena expansión. La presidencia de Bombay, el cuartel general regional de la Compañía Británica de las Indias Orientales, tenía su sede en la ciudad y se dedicaba con afán a mejorar las comunicaciones por toda la región; el puerto crecía con rapidez para servir de importante núcleo comercial en el seno del Imperio británico. Después de que el Reino Unido se hiciera con el control de varios puertos chinos, durante la Primera Guerra del Opio (1839-1842), Tata padre hizo grandes planes para transportar opio de la región india de Malwa a los mercados chinos.

En 1859, dos años después del motín general indio contra la dominación británica, y un año después de que el Reino Unido asumiera el control directo de los activos de la Compañía de las Indias Orientales, Jamsetji cumplió 20 años. Una vez completada su educación, fue enviado a Hong Kong, donde pronto se dio cuenta de que se podría ganar más dinero con el algodón que con el opio y persuadió a su padre para que cambiase de idea. Tal cambio resultó ser mucho más provechoso de lo que ninguno de los dos podía imaginar, pues con el estallido de la Guerra de Secesión estadounidense, en 1861, las fuerzas de la Unión impusieron un bloqueo a las exportaciones confederadas. Cuando el suministro de algodón estadounidense a las factorías británicas se agotó, el precio del algodón y los productos textiles indios se dispararon y los réditos de Bombay se triplicaron. Este influjo masivo y repentino de riqueza disparó los precios de las participaciones de las compañías textiles indias y desencadenó una oleada masiva de operaciones especulativas.

Jamsetji volvió a entrar en acción: viajó con buques cargados de algodón crudo al Reino Unido, donde estableció de inmediato estrechos vínculos con algunos propietarios de fábricas de Lancashire. De ellos obtuvo una comprensión del lado fabril de la industria algodonera más profunda. Su instinto natural para los negocios se vio muy potenciado gracias a que los clubes de negocios de Bombay, al contrario que los de Calcuta, admitían a hombres de negocios indios, lo cual facilitaba la transferencia mutua de conocimiento práctico a uno y otro lado de la brecha racial. La comunidad parsi de Londres también había adquirido el hábito de reunirse en una especie de club informal en la residencia de Dadabhai Naoroji, uno de los principales intelectuales nacionalistas de la India y futuro miembro fundador del partido del Congreso Nacional Indio. Entre los dos, Jamsetji aprendió el valor de las redes de negocios (por no mencionar las virtudes de los buenos contactos políticos) para el éxito en los negocios. A su regreso a Bombay, fundó su propio club, práctica que su hijo continuó más tarde.

Hacia 1869, Jamsetji Tata se sintió con la suficiente confianza en su comprensión del amplio negocio textil como para comprar un molino de aceite en bancarrota en Chinchpokli, al sur de Bombay. Convertido en una fábrica de algodón, lo rentabilizó y lo vendió por un buen beneficio. Así comenzó la larga, y muy exitosa, carrera familiar en la industria textil (en lugar de limitarse a exportar algodón crudo). Nadando en el capital de sus muchas y numerosas operaciones, y dominando las tecnologías de fabricación de Lancashire –un conocimiento reforzado por su práctica de contratar empleados indios e ingleses–, Jamsetji creó un enorme complejo fabril en la ciudad de Nagpur. El lugar fue elegido por su proximidad a los suministros de algodón y carbón, por el suelo barato y por la conexión ferroviaria con Bombay. Con la venta de sus productos por todo el imperio, y con un beneficio medio anual del 20 por ciento, el negocio de la familia Tata creció sin parar. En el transcurso de las dos generaciones siguientes, se diversificó al hierro, acero, ingeniería y construcción de locomotoras, hidroeléctricas, petroquímica, hoteles, imprenta, seguros, cemento y transporte aéreo (con la fundación de la futura Air India).

A medida que los imperios europeos se expandían por todo el planeta, desde los inicios de la Edad Moderna en adelante, dejaron una estela de oportunidades económicas que fueron aprovechadas por individuos relevantes y familias como los Tata. De estos imperios, el británico fue, sin duda, el más grande. En su máxima extensión, como ilustra con gráficas manchas de color rojo el famoso sello navideño canadiense de 1898 (*vid.* pág. 42), cubría casi un cuarto de la masa terrestre planetaria. No obstante, un sello francés equivalente de la misma época se habría jactado de una cantidad muy similar de azul y esto sin tener en cuenta las antiguas posesiones de neerlandeses, españoles y portugueses, o los territorios adquiridos por recién llegados, como Estados Unidos, Alemania, Bélgica e Italia.

La historia de éxito de los Tata recuerda a la de los no romanos de la periferia de aquel imperio anterior. No obstante, cuando se compara la moderna estructura imperial de Occidente con su predecesora romana saltan a la vista varias diferencias aparentes. La más obvia la ilustra de forma descarnada el sello de correos: la escala. El moderno imperialismo occidental era global, en el sentido literal de la palabra, ya que puso la mayor parte del planeta bajo su gobierno directo y casi todo él en sus redes comerciales de alguna manera, forma o condición. Pese a que, llegado el siglo XX, había algunas partes del planeta que todavía permanecían, a todos los efectos, fuera del sistema imperial –vastas extensiones del interior amazónico, las tierras altas de Papúa Nueva Guinea, parte de Asia Central–, los tentáculos del poder económico occidental se extendían sobre un porcentaje hasta entonces inconcebible de la superficie de la tierra. El imperialismo romano, por su parte, era regional: el Mediterráneo y buena parte de su *hinterland* inmediato estaba bajo su control directo, así como una franja de territorio desde el norte y centro de Europa a Ucrania participaba en su red comercial en mayor o menor grado. No obstante, si se tienen en cuenta las velocidades relativas de movimiento, muchas de estas diferencias aparentes se evaporan. En su diagonal más larga, el dominio romano directo abarcaba casi 5000 kilómetros. Dado que en la Antigüedad cualquier cosa se desplazaba por tierra a una vigésima parte de las velocidades que se alcanzan con facilidad hoy (*vid.* pág. 10), Roma sería el equivalente a un Estado moderno que se extendiera más de 100 000 kilómetros, o dos veces y media más o menos, la circunferencia de la Tierra (que mide, de forma casi exacta, 40 000 kilómetros). Dentro de su propio contexto, el Imperio romano era un poder tan global como los imperios del Occidente moderno.

Un segundo punto de diferencia aparente es que el Imperio romano formaba un bloque continuo de territorio, constituido por los diversos *hinterland* de la cuenca mediterránea, mientras que las posesiones de las potencias occidentales modernas estaban desperdigadas por todo el planeta en fragmentos de diferente tamaño. Aun así, existe una profunda similitud entre el modo de operación de los dos sistemas. Las grandes manchas de rojo y azul de los viejos mapas (y sellos) coloniales, resultan engañosas en un aspecto importante. A primera vista, los Tata nos podrían parecer muy similares a los Vanderbilt: la diferencia principal es que los segundos empezaron con ventaja. Cornelius Vanderbilt ya era uno de los hombres más ricos del mundo cuando Jamsetji Tata apenas empezaba a explorar las posibilidades del algodón. No obstante, existen diferencias entre las dos historias familiares mucho más profundas que la cronología.

Mapas y sellos tienden a sugerir que todos los territorios imperiales subordinados existen en pie de igualdad. Todos los territorios del Reino Unido debían de tener el mismo estatus, ya que todos están coloreados de rojo: lo mismo sucede con las manchas de azul francés. Esto no era así. Las pautas de integración provincial y periférica del moderno imperio occidental, tal y como se desarrollaron hasta el momento del estallido de la Segunda Guerra Mundial, se parecían mucho a la que se desarrolló en y más allá del mundo romano durante las tres primeras centurias posteriores al nacimiento de Cristo. Si miramos más allá del rojo y el azul de los mapas, veremos emerger una pauta similar de tres zonas de participación en el sistema imperial: provincias completamente integradas, periferia interior de integración sustancial y periferia exterior mucho menos integrada.

PROVINCIAS Y PERIFERIAS

El equivalente moderno a las provincias romanas –los lugares donde, con el tiempo, familias como las de Ausonio lograron la plena participación económica, cultural y política en las estructuras del imperio– fueron las colonias de asentamiento. En dichas áreas, los colonos lograron –por medio de una combinación de violencia, negociación y enfermedades– llegar a formar la mayoría de la población y, con el tiempo, introdujeron tantas estructuras culturales e institucionales europeas que se convirtieron, *de facto*, en parte del núcleo expandido del imperio occidental, fuera cual fuese su localización geográfica. El hogar estadounidense de los Vanderbilt es el ejemplo más obvio. Allí, el ascenso de lo que en origen había sido una comunidad provincial fue tan espectacular que, a principios del siglo XX, se convirtió en la fuerza económica dominante en el conjunto del imperio occidental. Sin embargo, los llamados «Dominios Blancos» del Imperio británico –de los cuales Estados Unidos fue uno en su origen– también forman parte de esta categoría: Canadá, Australia y Nueva Zelanda. En los primeros años del siglo XX, el PIB per cápita de estas nuevas entidades autónomas ya había superado al de su patria imperial británica. Ninguna de las demás potencias imperiales europeas exportó una cantidad suficiente de su población nativa, o generó suficiente riqueza en su interior, para que ninguna de sus colonias siguiera a largo plazo una trayectoria similar de integración en el corazón imperial durante el siglo XX. Francia lo había hecho en potencia en el caso de Nueva Francia, Acadia y Luisiana, pero la mayor parte de estos territorios pasaron a dominio británico en el siglo XVIII y los tres se desarrollaron como partes de Canadá y Estados Unidos.[1]

Más allá de este núcleo imperial expandido tenemos, ya en el siglo XX, la periferia imperial. Al igual que en la Antigüedad, podemos, con arreglo al valor relativo de su comercio directo con el imperio, dividir sus partes componentes entre una porción interior y una exterior. En el caso romano, donde el intercambio dependía sobre todo del transporte terrestre, «interior» y «exterior» sirven también de descripción geográfica. La periferia interna estaba, a vista de pájaro, más cerca de las fronteras del imperio: la franja de 100 kilómetros de ancho que ayudaba a suministrar a las legiones y recibía a cambio una plétora de bienes cotidianos. A primera vista, los sistemas imperiales del moderno Occidente parecen muy distintos. Dado que sus territorios estaban conectados entre sí por una combinación de redes marítimas y (cada vez más) ferroviarias, muchos de los socios comerciales pertenecientes, desde el punto de vista económico, a la periferia interna, estaban más alejados del corazón imperial occidental, tanto en kilómetros como en millas, que algunos de sus homólogos de la periferia externa. Así, por ejemplo, ciertas regiones del subcontinente indio y del Lejano Oriente desempeñaron un papel mucho más importante en las redes comerciales del imperio que buena parte de África, que, físicamente, está más cerca de Europa. Sin embargo, cuando uno mira con un poco más de detenimiento los mapas del imperio y mide proximidad y separación –como siempre debe hacerse– con arreglo al tiempo que se necesita para cubrir una distancia particular, no la distancia en sí medida en millas o kilómetros en línea recta, se ve con rapidez que la periferia del occidente moderno, tal y como estaba desarrollada en las décadas de 1920 y 1930, era un reflejo de la de su homólogo romano. La periferia interna imperial, conectada por barco y tren, estaba, de hecho, más cerca del corazón europeo del imperio en tiempo de viaje que su equivalente exterior.

En realidad, los calendarios de navegación y trenes de principios del siglo XX nos proporcionan una guía mucho mejor de los miembros de la periferia interior que las manchas de rojo o azul sobre un mapa. En parte, la periferia interna se componía de colonias occidentales constituidas como tales, o, para ser más precisos, de regiones particulares dentro de dichas colonias. El algodón de la India, el oro de Sudáfrica, té y café del África Oriental Británica, el caucho del Lejano Oriente, azúcar del Caribe, todos tenían una alta demanda para cubrir las necesidades occidentales y muchos de estos bienes eran producidos en territorios bajo el anterior control imperial. Otras partes de la periferia interna conservaron su independencia política, pero, de nuevo, orientaron una parte significativa de su actividad económica a cubrir la demanda imperial. En ciertas partes del globo, esta integración económica empezó a punta de pistola: pese a que Japón y China nunca fueron colonias formales, sus mercados y recursos naturales fueron abiertos en el siglo XIX por la fuerza –«diplomacia de cañoneras»–, que las potencias imperiales occidentales usaban regularmente con brutalidad para imponer su voluntad a los Estados con medios militares más débiles.

Lo que definía la pertenencia a la periferia interna de ambos tipos de territorio eran las rutas marítimas y los ferrocarriles. Hacia las primeras décadas del siglo XX surgió una red global de puertos conectados, cada uno de ellos emplazado en un lugar estratégico desde el que enlazaban con un *hinterland* rico en los productos que buscaba el imperio. En origen, estos puertos estaban en contacto con el interior por medio de sistemas fluviales, si bien una parte más grande del tráfico a partir de la segunda mitad del siglo XIX empezó a transportarse mediante una red cada vez más densa y eficiente de líneas ferroviarias (una de las cuales hizo posible que Jamsetji Tata construyera su fábrica textil fuera de Bombay).

Como también ocurría en el caso de su homólogo romano, el valor total del comercio de la periferia interna moderna con el corazón imperial (en términos proporcionales) sobrepasaba el de la periferia externa y generó suficiente nueva riqueza para poner en marcha significativos procesos de cambio socioeconómico. Algunos fueron impulsados por migrantes europeos, atraídos por las numerosas oportunidades de enriquecimiento. En su mayor parte, se concentraban en los núcleos comerciales y administrativos de las ciudades y, en particular, en las áreas asignadas a la ocupación europea, como las Tierras Altas blancas de Kenia o las plantaciones de las Indias Occidentales y de las Indias Orientales Neerlandesas. Sin embargo, a diferencia de aquellas colonias encaminadas a alcanzar el estatus de plenas provincias, aquí los inmigrantes europeos nunca dejaron de ser un pequeño porcentaje de la población total.

Por el contrario, el grueso de la producción de la periferia interna fue asumido por actores indígenas, que, en ocasiones, se implicaron en la economía de exportación imperial gracias a precios atractivos y oportunidades comerciales. Los equivalentes modernos de Stelos no solo incluían a los muy grandes, como Nusserwanji y Jamsetji Tata, sino a incontables millones de individuos, olvidados por todos salvo por su familia, que migraron a la periferia interna en busca de nuevas oportunidades. Los elementos menos afortunados de la población indígena descubrieron que no tenían elección: numerosos regímenes coloniales aplicaron legislaciones de trabajos forzosos, ya fuera para proyectos de obras públicas –como ferrocarriles y carreteras– o a veces para suplementar la fuerza laboral de las granjas europeas (como en el África Occidental Francesa). La esclavitud, por descontado, se empleó durante mucho tiempo para gestionar las economías de plantaciones de las Américas e, incluso después de su abolición oficial, se siguieron utilizando tipos de esclavitud en todo menos en el nombre, en particular en las plantaciones de caucho del Congo Belga. La exigencia de las colonias tributarias coloniales de pagar en la divisa del poder imperial podía forzar a los productores a orientar su producción hacia los mercados imperiales. Este mecanismo se empleó para construir el sector de plantaciones de las Indias Orientales Neerlandesas, mientras que el África británica y francesa empleó los impuestos de cabaña (*hut tax*) e individuales (*poll tax*) para cubrir el coste de la administración colonial, a la vez que potenciaba la divisa imperial (dado que todas las rentas tributarias se depositaban en los bancos centrales de las metrópolis nacionales).

Con el tiempo, esta potente combinación de participación económica voluntaria e involuntaria operó un cambio sustancial en la distribución de población y de riqueza en toda la periferia interna. Además de hacer las fortunas de muchos europeos y de una cifra menor de negociantes indígenas, como los Tata, en el periodo de entreguerras fue muy evidente un efecto más grande y estructural: el reasentamiento. En la India, ciudades como Bombay duplicaban su población cada década a mediados del siglo XIX, mientras que sus *hinterlands* productores de opio y algodón absorbieron grandes cantidades de mano de obra. Estos efectos se repitieron por toda la periferia interna, en torno a los puertos abiertos de la China imperial y Japón,* en las regiones de asentamiento francés en Argelia y en las colonias de plantación del Caribe, a medida que más y más pobladores se reasentaban cerca de los

---

* N. del T.: Se refiere a los puertos abiertos a las potencias occidentales en China y Japón tras, respectivamente, la Primera Guerra del Opio (Tratados de Nanking con Reino Unido en 1842, de Wanguia con Estados Unidos en 1843 y de Whampoa con Francia en 1844) y el Tratado de Kanagawa con Estados Unidos en 1854 (posteriormente con el Reino Unido, Países Bajos, Rusia y Francia). Los puertos abiertos en China concluyeron con el ataque nipón sobre Pearl Harbor en diciembre de 1941 (y el inmediato ataque a las colonias del Lejano Oriente de franceses, británicos y neerlandeses); los puertos abiertos en Japón caducaron en 1899.

puertos del litoral y de las redes fluviales o ferroviarias que los conectaban con las zonas de producción interior.

Por el contrario, la periferia externa se caracterizó por volúmenes inferiores de comercio directo con el sistema económico del núcleo. Faltos de recursos o de mercados codiciados por los productores imperiales, o de una ecología que posibilitara a los administradores imperiales implantar cultivos de exportación a gran escala, tales áreas –pese a estar bajo dominio colonial directo– atrajeron mucha menos inversión en infraestructura de transporte y permanecieron relativamente aisladas en términos geográficos. En la mayor parte de la periferia externa, la mayoría de la población nunca, o rara vez, vio a una persona blanca, por más que sus países estuvieran coloreados de rojo o de azul en los mapas. De todas formas, muchas de las personas que vivían en esta periferia exterior vieron cómo sus pautas vitales experimentaron cambios sustanciales a medida que, con el tiempo, aumentaban las redes de comercio imperial.

Localidades del interior, carentes de fácil acceso al comercio exportador a Europa y Norteamérica, a menudo se marchitaron. En un caso extremo, Tombuctú pasó de ser una encrucijada opulenta y populosa en una antigua ruta comercial transahariana a la casi total extinción, cuando las carreteras y ferrocarriles franceses reorientaron el comercio de forma lateral a lo largo de la costa. Hoy usado por los occidentales como sinónimo del lugar más remoto posible, Tombuctú* fue, en otro tiempo, el núcleo, enormemente rico, de una vasta red de comercio. Más en general, los productores agrícolas de la periferia exterior, cuando no iban en persona a la periferia interna, a veces suministraban sus cosechas a los consumidores de allí, en particular cuando estos, al cambiar su producción a cosechas exportables o abandonar del todo la agricultura, perdieron la capacidad de alimentarse a sí mismos. Territorios coloniales como Alto Volta** o Malí, sobre el papel Estados independientes como Bután y Lesoto e incluso grandes áreas del interior de la India o China, cuyas organizaciones sociales y económicas experimentaron escasos cambios antes de la Segunda Guerra Mundial; todos ellos, *de facto*, operaron en la periferia externa del imperio. Hubo

---

* N. del T.: En inglés, Tombuctú [Timbuktu] es sinónimo y metáfora de lugar remoto y misterioso.
** N. del T.: Burkina Faso en la actualidad.

un pequeño volumen de intercambios entre Bután y la India británica y una migración notable de mano de obra desde Alto Volta, Malí y Lesoto a las granjas y minas de los territorios vecinos que *estaban* conectados con la economía global. El producto bruto y los ingresos per cápita de la periferia exterior, en ocasiones, crecieron como resultado de este comercio, pero, en general, mucho menos que en la periferia interior, que, por su parte, creció menos que las provincias.

A consecuencia de ello, la mayoría de las sociedades periféricas –internas y externas– vivió hasta 1939 unos procesos de transformación económica mucho más lentos que los de las provincias del imperio occidental. En la práctica, los límites entre las tres categorías podían fluctuar y no siempre se correspondían con precisión con las fronteras trazadas sobre el mapa. Diferentes regiones dentro de la misma jurisdicción podrían pertenecer a la periferia interior y exterior, como, ciertamente, fue el caso en China y la India. Podría decirse que Sudáfrica contenía los tres elementos del sistema imperial en uno: un núcleo provincial en ciertas áreas de importante asentamiento blanco y en sus principales ciudades, una periferia interna en algunas áreas mineras y de agricultura de exportación y una periferia externa en zonas que funcionaban, a efectos prácticos, como reservas de mano de obra para lo que, a partir de 1948, se convirtió en la economía del *apartheid*. Sin embargo, como también ocurrió en el caso de los vecinos de Roma, las consecuencias de cada uno de los niveles de integración en la economía imperial resultaron revolucionarias para todos los actores implicados.

En algunos casos, el impacto general fue muy negativo. Tras la apertura forzosa de China al oeste, su economía retrocedió. En el transcurso del siglo XIX, mientras el ingreso per cápita británico se duplicaba con creces, el de China cayó en una décima parte. Aunque entre finales del siglo XIX y principios del XX se siguieron haciendo fortunas individuales dentro de los territorios de China, el efecto global fue un siglo de crisis. Sin embargo, este declive absoluto no fue el resultado macroeconómico normal, ni en la periferia externa ni en la interna. El caso de la India fue más estándar: su economía creció, si bien a un ritmo más lento que el de las provincias del núcleo del sistema imperial. Esto proporcionó oportunidades para aquellos que, como los Tata, tuvieran capacidad y astucia para aprovecharlas, aunque la economía en su conjunto cayó en relación con la metrópolis imperial, toda vez que los magnates de la Compañía Británica de las Indias Orientales saquearon a conciencia sus nuevas posesiones y las despojaron de joyas y otras formas de riqueza mueble mientras amasaron vastas fortunas personales (y llenaron las mansiones de campo que construyeron de vuelta a casa con gran parte del botín). Sin embargo, el desarrollo económico a largo plazo en la periferia tuvo un significado que fue mucho más allá del limitado auge de las clases empresariales indígenas o de la reconfiguración de los patrones predominantes de demografía y producción. Aunque no sea evidente en un primer momento, todo cambio económico de importancia, a causa de la redistribución de riqueza, siempre tiene consecuencias políticas de gran alcance.

NOTAS

1 Latinoamérica ocupa una posición anómala en el sistema imperial occidental. Parte de las colonias originales de españoles y portugueses experimentaron asentamientos europeos a gran escala, pero incluso después de obtener la independencia a principios del siglo XIX, estas nunca, al contrario que los Dominios Blancos del Reino Unido, ascendieron al estatus de provincia de pleno derecho dentro del sistema imperial en desarrollo. Al igual que España y Portugal, estas colonias eran dominadas por la riqueza de origen agrario de la élite terrateniente. Fueron estos propietarios los que encabezaron los movimientos de independencia y, una vez lograda, no les interesó revertir el modelo económico sobre el que se asentaba su preeminencia. Como resultado de ello, las élites latinoamericanas permanecieron fuera de la cultura emergente del capitalismo occidental, cada vez más centrada en los mercados, la libertad individual y la democracia. Los territorios que dirigía esta élite operaban, en el mejor de los casos, en la periferia interna del emergente sistema imperial.

CAPÍTULO 4

El poder del dinero

En la madrugada del 11 de septiembre de 1973, un coche recorrió a toda velocidad las calles de Santiago de Chile. Poco antes, el presidente chileno, Salvador Allende, había sido advertido por teléfono de un motín naval en la ciudad portuaria de Valparaíso. Cuando llamó a su jefe del Ejército para recabar información, el general Augusto Pinochet le dijo que lo investigaría y que lo llamaría. Bastaron unos minutos de silencio para que el presidente se diera cuenta de que Pinochet no iba a devolver la llamada. Allende salió a alertar a sus partidarios de que estaba en marcha un golpe de Estado y corrió al palacio presidencial.

La pretensión del presidente de construir una utopía socialista chilena siempre fue peligrosa. Ganó las elecciones de 1970 con apenas un tercio del voto. Con el sistema electoral chileno esto era suficiente para obtener la presidencia, aunque con un mandato débil y solo un apoyo minoritario en un Congreso hostil. La economía que heredó, aunque no estaba enferma, tampoco le proporcionaba nada con lo que construir una nueva Jerusalén; una inflación elevada se combinaba con un crecimiento constante, pero en absoluto espectacular. El programa de Allende de gasto generoso, dirigido a poner en marcha una transformación, desencadenó un auge económico a corto plazo, pero hacia 1973 la economía empezó a encallar. La producción cayó, la inflación se disparó, hubo una sucesión de huelgas y las colas para el pan eran cada vez más largas. A pesar de esta situación alarmante, con el descontento doméstico al alza, los militares de Chile siguieron ciñéndose a su tradicional profesionalismo y se abstuvieron de intervenciones políticas tan características de otros generales latinoamericanos. Lo que empujó a Pinochet a entrar en acción fue el apoyo estadounidense.

Incluso para lo que es habitual en los presidentes estadounidenses, Richard Nixon detestaba todo lo comunista. A finales de la década de 1960, el anterior ejecutivo chileno se había embarcado en un impresionante programa de reforma social, que implicaba redistribución de tierras y la nacionalización parcial de una industria cuprífera de propiedad estadounidense, algo que puso a prueba la paciencia de Nixon. No obstante, mientras Chile se mantuviera en el campo occidental, Washington se limitó a sonreír y aguantar. Allende, sin embargo, tentó su suerte. No solo completó el proceso de nacionalización sin compensar los intereses estadounidenses, sino que amenazó con situar a Chile en la órbita soviética. Para Washington, esto fue demasiado. Estados Unidos, todavía dolido por la pérdida de Cuba, que se había pasado al terreno comunista tras la revolución de 1959, no estaba dispuesto a tolerar un segundo Estado socialista en su patio trasero. Por medio de actividades clandestinas como la financiación en secreto de políticos y prensa opositora a Allende, una presión a los militares chilenos (donde los agentes de la inteligencia estadounidense hallaron oficiales simpatizantes) y respuestas positivas a los primeros rumores de un golpe en los pasadizos de poder de Santiago, la Casa Blanca dejó claro que vería con buenos ojos la caída de Allende.

Al finalizar el día, Allende se había quitado la vida y Pinochet estaba a cargo de una junta militar. Continuaría gobernando Chile durante los diecisiete años siguientes. Aunque la implicación de la CIA en el derrocamiento de Allende y de hecho su ejecución *de facto* despertaron la indignación de los progresistas de todo el mundo, la Administración Nixon actuó dentro de los parámetros del poder imperial occidental, bien delimitados. Después de la Segunda Guerra Mundial, la diplomacia de cañoneras del siglo XIX y principios del XX dejó paso a un nuevo tipo de dominación. Debido a que muchos países en desarrollo tenían una dependencia económica muy grande del nuevo imperio de Occidente, sus líderes, en particular Estados

Unidos, podían ejercer una enorme influencia por medio de métodos no tan intrusivos. La caja de herramientas para tratar con gobiernos recalcitrantes era muy variada: cortar la ayuda, bloquear las negociaciones comerciales, apoyar a enemigos internos, imponer la prohibición de viajar a sus líderes y congelar cuentas bancarias. Y si entonces nada de esto era suficiente, como en Chile, la acción encubierta podía ayudar a instalar un régimen más dócil. Salvador Allende fue solo uno más de una larga lista de dirigentes de la periferia imperial del Oeste posterior a 1945, como Mohamed Mossadeq de Irán o Jacobo Árbenz de Guatemala, que fueron depuestos por mostrarse demasiado firmes y amenazar la hegemonía occidental. Muchos otros, muy conscientes de sus ejemplos y reacios a contrariar a Occidente, moderaron su hostilidad inicial o incluso buscaron la protección occidental al ejercer de aliados o representantes de confianza, como hicieron Ferdinand Marcos en Filipinas y Mobutu Sese Seko del Zaire (la actual República Democrática del Congo). Todo esto tiene un parecido notable con los métodos que el Bajo Imperio romano empleaba para controlar a su propia periferia interior.

CHONODOMARIO Y MACRIANO

Durante los tres primeros siglos de nuestra era, las poblaciones de más allá de las fronteras renana y danubiana de Roma usaron parte de su nueva riqueza para importar una amplia gama de bienes romanos. Los vínculos comerciales eran una fuente de esta riqueza, aunque no la única. En el transcurso de los siglos, millares de individuos retornaron a su hogar después de servir en el Ejército romano llevando sus ahorros y primas de retiro (*vid.* pág. 34). En los niveles superiores de la escala social, los emperadores romanos utilizaban subsidios diplomáticos sistemáticos en apoyo de los monarcas clientes dispuestos a gobernar sus sectores de la frontera más o menos conforme a los intereses romanos. Denominados «dones anuales» en nuestras fuentes, a menudo tomaron la forma de finas ropas y manjares exóticos, además de pagos en efectivo, una parte de los cuales les servía a estos reyes para consolidar sus apoyos locales. En la economía menos oficial, el pillaje también era endémico (y es bastante probable que sancionado por esos mismos reyes clientes, quienes no tenían problema en jugar a dos bandas). La economía romana, a pesar de toda la expansión más allá de la frontera (*vid.* Capítulo 3), siguió estando mucho más desarrollada que la de las periferias bárbaras y la enorme variedad de sus productos proporcionó objetivos muy atractivos para los ojos codiciosos, en particular en la periferia interior, donde la frontera era fácil de cruzar. En 1967, una extracción de grava en el Rin cerca de la ciudad romana de Espira permitió descubrir el botín del saqueo de una villa romana. A finales del siglo III, algunos invasores saquearon una villa y trataron de cruzar el río en carretas cargadas en balsas. Pero estas fueron hundidas, es probable que por naves de patrulla romanas. Las carretas contenían una carga extraordinaria: 700 kilos de bienes robados, que incluían hasta la última pieza de metalistería que los saqueadores pudieron encontrar; no solo vajillas de plata del comedor principal, sino una masa de utensilios de cocina que incluía 51 calderos, 25 boles y escudillas y 20 cazos de hierro, por no mencionar todo el equipamiento de cultivo de la villa. Todas y cada una de las piezas de metalistería romana podían reutilizarse o reciclarse al otro lado de la frontera, donde siempre se daba uso a los bienes pillados y había una demanda constante de metal. Hacia el siglo IV, estos contactos generadores de riqueza con el mundo romano –pacíficos o de otra índole– llevaban creciendo desde hacía trescientos años y su efecto revolucionario sobre los vecinos de Roma era ya muy visible.

En el año 357, las huestes de una confederación alamana capitaneada por un ambicioso monarca llamado Chonodomario se enfrentaron cerca de la actual Estrasburgo a las fuerzas del césar occidental (el emperador subordinado) Juliano. Los alamanes ocupaban un bloque de territorio situado justo más allá de las fronteras de Roma, en el Alto Rin y en el Danubio Superior, gobernado por una serie de príncipes locales, sobre los cuales Chonodomario había establecido un cierto grado de hegemonía. A principios de la década de 350, Chonodomario aprovechó una guerra civil imperial* para aplicar sus planes expansionistas y ocupó una franja de tierra en el lado romano de la frontera. Al inicio de la batalla, Chonodomario

---

* N. del T.: En 350, el césar de Occidente, Constante, tuvo que hacer frente a la usurpación de Magnencio, que se autoproclamó emperador en Augustodunum (Autun) con el apoyo de las legiones renanas; sin apoyos, Constante trató de huir a Hispania, pero fue asesinado en una fortificación pirenaica.

comandaba 35 000 hombres contra los 13 000 de Juliano. Pero, aun así, los alamanes sufrieron una derrota aplastante. Su caudillo fue capturado, así como su séquito y 6000 de sus hombres perecieron en el campo de batalla, muchos de ellos liquidados mientras trataban de cruzar al otro lado del Rin. Según las fuentes, los romanos solo perdieron 247 hombres. Debido al parecido de nombres, a alguien se le podría disculpar si pensara que nada había cambiado en cuatrocientos años, desde Julio César. Su informe de primera mano de mediados del siglo I a. C. acerca de la Guerra de las Galias, los *Commentarii de Bello Gallico*, está repleto de choques desiguales similares con resultados igualmente catastróficos para los enemigos de Roma. Lo que sucedió después de esta batalla del siglo IV, sin embargo, ilustra con claridad lo mucho que había cambiado el mundo de más allá de Roma.

En el primer siglo antes de nuestra era, y también en el primero de nuestra era, semejante derrota habría causado la destrucción total de la confederación enemiga. Esto fue lo que sucedió con el caso del rey suevo Ariovisto, antiguo aliado de Roma,* cuya confederación se derrumbó por completo después de que Julio César lo derrotara en 58 a. C.; de su caudillo nunca más se tuvieron noticias. Incluso en la victoria, las alianzas germánicas de esta época acostumbraban a deshacerse. En 9 d. C., el jefe querusco Arminio (Hermann el Germano) organizó una confederación que emboscó y destruyó tres legiones romanas completas y sus fuerzas auxiliares –más de 20 000 hombres– en el bosque de Teutoburgo (*vid.* pág. 34). A pesar de esta deslumbrante victoria, su coalición se deshizo al poco y el propio Arminio fue traicionado y asesinado. La explicación de la inestabilidad política generalizada del mundo de habla germánica no es complicada en absoluto. La pequeña área del centro-norte de Europa que ocupaban (zona dos del paisaje europeo tal y como era en el momento del nacimiento de Cristo, *vid.* pág. 35) albergaba en el siglo I de nuestra era entre cincuenta y sesenta diferentes unidades políticas. Tal y como indican semejantes cifras, cada una de estas entidades era pequeña y muchas de ellas no estaban controladas por

---

*   N. del T.: De hecho, el Senado le había concedido el honor de «amigo del pueblo romano» durante el consulado de César en 59 a. C. y formalmente seguía siendo un aliado cuando César se enfrentó a él.

líderes centrales consolidados («reyes»), sino por consejos de caciques más laxos. Esto reflejaba el subdesarrollo económico general de la región y significaba que era imposible una autoridad política estable y a largo plazo. Se formaban coaliciones, pero estas siempre se deshacían –tanto en la victoria como en la derrota– una vez alcanzaran sus objetivos inmediatos.

Sin embargo, a mediados del siglo IV, incluso una derrota en apariencia tan catastrófica como la batalla de Estrasburgo no supuso, ni de lejos, el fin de la confederación alamánica, que se reagrupó con rapidez y pronto volvió a estar dispuesta para el combate. En menos de una década, un segundo contingente romano se enfrentó a otra gran fuerza alamánica en la batalla de los Campos Cataláunicos, en 364. Se saldó con una nueva victoria romana, aunque esta vez con pérdidas más graves: murieron 1100 soldados romanos. Y, pese a ello, la confederación alamánica siguió existiendo y generó un segundo monarca en la segunda mitad de la década, Macriano, que se convirtió con rapidez en el objetivo principal de la presión militar y diplomática romana. Los alamanes no fueron una excepción. La situación era la misma mucho más al este, en el delta del Danubio. Allí, otra gran confederación política, dominada por los godos tervingios, controlaba la región situada justo más allá de la frontera defendida de Roma. Los tervingios se destacaron en la década de 310, pero en 332 sufrieron una fuerte derrota a manos del emperador Constantino. No obstante, aquí tampoco la derrota provocó su disolución. Bajo una serie de caudillos de la misma dinastía reinante, los tervingios quedaron como la fuerza dominante de la región. En toda la periferia interna del periodo tardorromano (*vid.* pág. 36), es evidente el mismo cambio. La enrevesada multiplicidad de caudillos y consejos documentada en el siglo I a. C. y en el I d. C. había dejado paso a un número menor de confederaciones más grandes y duraderas, con liderazgos centrales mucho más poderosos.

En un sentido general, esta mayor estabilidad política fue producto de la riqueza y de las poblaciones más grandes que se concentraron en la periferia interna en el transcurso de siglos de interacción transformadora con el Imperio romano. No obstante, las evidencias indican que el contacto con el imperio impulsó esta transformación política de formas más específicas. Hacia el siglo IV d. C., en cada una de las ramas del grupo lingüístico del germano antiguo, cuyos hablantes predominaban a lo largo de la mayor parte de la frontera europea de Roma, un arcaico vocabulario de liderazgo político más consensuado dejó paso a nuevos títulos derivados de palabras que significaban mando castrense. Donde antes los dirigentes tenían títulos que se traducían como «jefes del pueblo», ahora todos eran «caudillos o jefes de una banda militar». Todo apunta a que esto no fue ninguna coincidencia.

En 1955, unos obreros daneses que abrían un canal de desagüe en Ejsbøl Mose, en el norte de Schleswig, encontraron, en una pequeña sección de este, un increíble conjunto de 600 objetos metálicos. Nueve años y 1700 metros cuadrados más tarde, los arqueólogos identificaron varios depósitos arrojados a un antiguo lago poco profundo. El más grande era el equipamiento completo de una fuerza militar bien organizada de alrededor del año 300 d. C. Comprendía unos 200 lanceros (los excavadores hallaron 193 puntas de jabalina y 187 puntas de lanzas arrojadizas), de los cuales quizá un tercio estaba equipado con espadas (hallaron 63 cintos, junto con 60 de las espadas y 62 puñales que los cinturones llevaban en origen). En un primer momento, los arqueólogos pensaron que habían descubierto la mayor colección conocida de espadas romanas del mundo, pero la realidad era aún más interesante. Aunque algunas de las espadas eran importadas, la mayoría resultó ser obra de productores locales que copiaban directamente a los fabricantes romanos.

Este hallazgo y otros similares evidencian que el contacto imperial no creó una riqueza nueva que fuera compartida en pie de igualdad entre aquellos que vivían en la periferia. Por el contrario, la interacción a largo plazo con el imperio concentró una mayor riqueza y tecnología militar avanzada en grupos particulares. Los subsidios diplomáticos, los peajes a los bienes comerciales, la paga por servicio militar, los beneficios del tráfico de esclavos (que requería el ejercicio de la fuerza) e incluso el botín de incursiones exitosas al otro lado de la frontera: toda esta nueva riqueza fue a parar de forma desproporcionada a manos de quienes tenían una capacidad militar establecida, en particular en la periferia interior, aunque también, hasta cierto punto, en la periferia exterior. Les dotó de los medios con los que desarrollar aún más su potencial castrense, tanto la contratación de más guerreros como la adquisición de un equipamiento superior.

Estos hechos acentuaron ciertas características existentes de la sociedad del norte y centro de Europa. Cuando Roma llegó a sus puertas, este rincón de lo que los romanos llamaban la Europa bárbara ya era sustancialmente militarista y estaba lejos de ser igualitario. Pero los nuevos flujos de riqueza romana proporcionaron un mecanismo para que ciertos líderes, por medio de competición interna y una prolongada carrera armamentística, edificaran las estructuras de poder más estables, que son evidentes en las confederaciones más grandes y duraderas a las que Roma se enfrentó a lo largo de la frontera en torno al siglo IV. En ocasiones, esta competición tuvo consecuencias brutales. Todo el equipamiento hallado en Ejsbøl Mose había sido aplastado antes de arrojarse al lago: un sacrificio ritual que hizo que sus investigadores llegaran a la (razonable) suposición de que sus recientes propietarios habían sufrido, probablemente, un destino similar. Antes bien, en otras ocasiones, quizá con más frecuencia, la confrontación competitiva dio lugar a la creación de nuevas alianzas donde los grupos más débiles aceptaban el dominio *de facto* de un vecino al que reconocían su superior fortaleza.

El razonamiento es simple en este caso. Todas las nuevas confederaciones documentadas eran alianzas entre jefes militares que antes estaban separados. Este tipo de relación dejó a muchos de sus socios menores en posiciones de autoridad intermedia, que les permitía conservar el control directo sobre sus propios cuerpos de soldados. De todos modos, el efecto político general fue espectacular. El contacto transformador con el imperio generó procesos de militarización y centralización política que se alimentaron entre sí, impulsados por los grupos de la periferia mejor posicionados para explotar las oportunidades de adquirir nueva riqueza y un avanzado equipamiento militar del mundo romano. En consecuencia, las relaciones entre el Imperio romano y su periferia interior del siglo IV experimentaron un cambio sustancial con respecto a la diplomacia legionaria de cañoneras del periodo inicial.

Las nuevas confederaciones hicieron sentir su presencia a mediados del siglo III, cuando sus agresivas ambiciones y su poder militar adicional causaron algunas pérdidas inmediatas al imperio. Este fue el periodo en el cual el norte de Britania y Bélgica sufrieron tales daños que las densidades de asentamiento en dichas regiones no se recuperaron ni siquiera durante la Edad de Oro del siglo IV (*vid.* pág. 10). Las villas romanas eran grandes casas señoriales indefensas, por lo que, si la seguridad se derrumbaba en algún sector de la línea fronteriza, siempre eran el blanco preferente de la confederación; cuando estas fincas agrícolas dejaban de funcionar, el caos económico en la región afectada estaba garantizado. En el terreno estratégico, la mayor capacidad militar de las confederaciones impuso reajustes a las líneas fronterizas europeas de Roma. Algunas áreas que estaban encaminadas a adquirir un pleno estatus de provincia romana fueron abandonadas a su suerte en la periferia interior, con la retirada de las fuerzas militares y de la administración romana. La pérdida más importante fue la Dacia transilvana, al otro lado del Danubio, si bien también cedieron el extremo norte de la Britania romana más allá del muro de Adriano, así como los *Agri Decumates* [Campos Decumanos], una región entre el Alto Rin y el Danubio, que fue ocupada por los alamanes. Estos territorios fueron cedidos ante la creciente presión militar de las nuevas confederaciones, si bien el acto final en cada caso fue una retirada calculada de los soldados y administradores romanos.

Al mismo tiempo, las nuevas confederaciones de la periferia interna también ofrecían a Roma ciertos servicios útiles. En el siglo IV el imperio explotó con regularidad su capacidad militar: contingentes aliados de los godos tervingios sirvieron en tres campañas imperiales contra Persia, mientras que los emperadores de Occidente reclutaron para sus campañas a grupos guerreros similares de los alamanes y de los francos del Rin. Había que pagar a dichos contingentes (lo cual ponía aún más recursos en manos de los grupos militares dominantes) y, aunque las cifras no eran enormes, era mucho más barato que reclutar más soldados romanos, pues volvían a casa después de cada campaña. De igual modo, una vez tomadas las medidas necesarias, la Roma del siglo IV era capaz de imponer y mantener un marcado dominio, a pesar de los mayores niveles de organización militar y política observables entre las nuevas confederaciones.

Tal y como descubrió a su costa Chonodomario, ninguna de las nuevas confederaciones tenía suficiente poder para desafiar de forma directa al poder militar romano. Incluso allí donde aumentaban las tensiones con Roma, cosa que solían ocurrir periódicamente, dado que los ambiciosos reyes guerreros tenían sus propias agendas políticas, los choques bélicos directos como Estrasburgo siguiendo siendo raros. Los socios fronterizos de Roma eran conscientes del resultado probable y acostumbraban a no llevar su resistencia hasta la confrontación abierta (aunque podían alentar y beneficiarse de un poco de pillaje ilícito). En términos generales, por tanto, las relaciones de las fronteras europeas del Bajo Imperio romano siguieron una pauta diferente. Más o menos una vez por generación política (cada veinticinco años, aproximadamente), entre finales del siglo III y el IV, los emperadores romanos organizaban grandes expediciones al otro lado de cada uno de los cuatro sectores principales de la línea fronteriza europea (Bajo Rin, Alto Rin, Danubio Medio y Danubio Bajo). En esos momentos, algunos de los territorios vecinos del imperio menos afortunados veían cómo quemaban sus casas en campañas de terror y sus ocupantes eran capturados y vendidos como esclavos. Esta demostración de poder militar solía bastar para que los caudillos locales acudieran a someterse. El emperador aprovechaba estos momentos de máxima influencia política para reorganizar las confederaciones locales y ajustarlas a los intereses romanos. Para extender la esperanza de vida del nuevo acuerdo, los romanos obtenían rehenes de clase alta, que eran enviados a la corte para recibir una educación romana, y concedían a quienes se mostraran obedientes valiosos acuerdos comerciales y dones y subsidios diplomáticos anuales, que daban a los socios subordinados poderosas razones para preservar el acuerdo. Esta combinación de palo y zanahoria bastó para mantener una amplia paz en cualquier sector fronterizo durante las siguientes décadas, en las cuales cualquier rey demasiado ambicioso corría el peligro de ser liquidado por secuestro o por asesinato selectivo (lo cual no deja de recordarnos a Salvador Allende).

Tampoco estamos diciendo que todo fuera como la seda. Tales acuerdos minimizaban, pero no eliminaban las incursiones al otro lado de la frontera. Además, en ocasiones, los regímenes imperiales cambiaban de forma arbitraria su política en función de sus prioridades políticas. A principios de la década de 360, Valentiniano I quiso dar una imagen de dureza ante los bárbaros, por lo que rebajó de forma unilateral los subsidios a los alamanes y empezó a construir fuertes allí donde habían pactado que no habría ninguno. El resultado fue un serio estallido de violencia fronteriza, a pesar del reciente (y efectivo) sometimiento de la región limítrofe del Alto Rin logrado por Juliano tras la batalla de Estrasburgo. Los acontecimientos exteriores, de igual modo, también podían doblegar la voluntad del emperador. Hacia finales de la década de 360, la principal inquietud de Valentiniano en el Alto Rin era, como hemos visto, el ascenso de un nuevo monarca alamán: Macriano. El emperador intentó primero organizar su asesinato y, más tarde, envió un destacamento especial para secuestrarlo. Nada de esto funcionó y cuando estalló el conflicto en otro sector de la frontera, Valentiniano se vio obligado a cambiar de rumbo. Invitó a Macriano a una cumbre en un barco en mitad del Rin y los dos alcanzaron un acuerdo: Valentiniano reconoció a Macriano el estatus de rey principal de los alamanes y le concedió condiciones favorables; a cambio, este mantuvo la paz en la frontera y dirigió sus ambiciones expansionistas contra sus vecinos del norte, los francos.

Todo esto, no obstante, eran inconvenientes relativamente menores. Las nuevas confederaciones político-militares forzaron un cambio general de la política imperial hacia la diplomacia manipulativa, pero Roma conservó su posición dominante. Los dinastas de la frontera querían maximizar sus posiciones, aunque muy pocos se atrevían a plantear un desafío directo al poder romano. El desarrollo de la periferia impuso ciertas limitaciones al ejercicio de la dominación imperial, pero no lo revirtió. Incluso el ambicioso Macriano quedó tan complacido con su acuerdo especial que fue un aliado fiable el resto de su vida. Muchos años después, ya en el siglo XX, encontramos fuertes ecos de esta forma de ejercer el poder imperial por parte de Roma.

MEMORIAS DE LA INDIA (Y DE ÁFRICA...)

A finales del siglo XVIII y durante el XIX, una nueva doctrina desafió, y en algunos lugares derrocó, al gobierno monárquico que caracterizaba al ascendiente imperio occidental. Dicha doctrina sostenía que la autoridad no procede de arriba, sino de abajo: del pueblo que constituye la nación. Esta empoderó a muchos colonos americanos a sacudirse el control imperial directo británico (y español y portugués) y a la población de Francia a alzarse contra su monarquía nacional. Con el tiempo, el nacionalismo proporcionó justificación ideológica a la agitación política que recorrió Europa a lo largo del siglo XIX y principios del XX, así como también se consolidó en muchas de las poblaciones que vivían bajo el dominio colonial en la periferia de los imperios europeos: en particular, en la joya de la corona imperial británica.

El imperialismo europeo siempre provocó resistencia local y su expansión generalizada en el siglo XIX no fue ninguna excepción. Las guerras zulúes, el Mahdi «demente» del Sudán, la rebelión de los bóxers, las guerras de resistencia de Diponegoro en la Java neerlandesa, la lucha de Samory Touré contra los franceses en el África Occidental: la lista es inacabable. Estos alzamientos, aunque siempre infligían bajas, y en ocasiones de gravedad, por lo general, corrieron la misma suerte que el ataque de Boudica contra el dominio romano en Britania y por motivos muy similares. Las fuerzas que resistían a la expansión imperial eran más pequeñas, de tecnología menos desarrollada y administración débil. Tras la inevitable derrota, las élites precoloniales se hundían en la irrelevancia política y sus puestos eran ocupados por nuevos grupos que lograron dominar las prácticas y tecnologías del imperio y, en ocasiones, elementos de la cultura y la retórica de su núcleo europeo: en particular, el llamamiento a la independencia nacional.

Uno de los movimientos nacionalistas de colonias más tempranos surgió en la India en las postrimerías del siglo XIX. Como ocurrió en muchos otros lugares, este se originó en clubes y salones (en parte copiados de modelos coloniales) frecuentados por la clase media indígena. La India británica, como tantos territorios de la periferia interna, tenía una comunidad numerosa de colonos y administradores europeos, si bien, como porcentaje de la población total, apenas constituía la diminuta cúspide de la pirámide de un poder político que empleaba, casi en exclusiva, individuos de reclutamiento local. El coste, tanto en dinero como en recursos humanos, de trasladar un aparato completo de administración desde «la madre patria» habría hecho inviable la empresa colonial. El Reino Unido solo enviaba al subcontinente a los funcionarios y oficiales superiores y reclutaba el resto del personal y mandos intermedios localmente, a un coste muy inferior. Fue así como el Reino Unido pudo gobernar a 300 millones de indios con apenas 4000 empleados públicos, o como diez funcionarios franceses podían mandar sobre millones de personas en el interior del África Occidental. En consecuencia, con el fin de mantener una posición de superioridad establecida en origen por medio de la violencia y la intimidación, la administración británica en la India, al igual que la mayor parte de las administraciones imperiales de la periferia colonizada, operaba en la práctica como un sistema de castas, que reservaba a los europeos la cúspide del estatus y el poder. Estos recrearon algunas instituciones de la metrópoli, como los numerosos clubes y escuelas de Bombay, y, en ocasiones, asimilaban a miembros de la élite local entre sus filas. Con todo, en las sociedades coloniales nunca hubo el menor atisbo de duda acerca de dónde residía el verdadero poder.

En un principio, los hombres de negocios de Bombay se mantuvieron distanciados del debate nacionalista en desarrollo. Este era, en su mayor parte, el dominio del creciente cuadro de intelectuales de clase media del país, parte del cual se superponía con los escalafones superiores de los administradores indígenas. La mayoría de la comunidad de negocios india continuó trabajando con pragmatismo, sin comprometerse ideológicamente con la incipiente causa nacionalista mientras prosperaba gracias a las redes comerciales del imperio. Los Tata, en esta época una de las familias de Bombay más dinámicas y exitosas, no fueron ninguna excepción. Pese a que Jamsetji Tata tenía estrechos vínculos con algunos de los pensadores y organizadores clave del movimiento del Congreso Nacional Indio, en lo personal mantuvo un perfil bajo, pues estaba dispuesto a trabajar con la administración colonial. Tata prosperó hasta tal punto en los círculos del imperio que él y sus hijos hicieron una entrada triunfal en el centro: Dorabji fue a Cambridge y, junto con su hermano Ratán, fue distinguido con el título de caballero.

Sin embargo, más a largo plazo, la posición política de los Tata era más parecida a la de uno de los clientes-mandatarios de la periferia interna romana del siglo IV, cuyos hijos solían ser enviados en calidad de rehenes a la corte imperial, al contrario que los Ausonios o los Vanderbilt, que se integraron sin fisuras en la clase dirigente imperial. Allí se les daba una educación romana y se les trataba con la máxima cortesía, aunque solo mientras siguiera en vigor el acuerdo diplomático del momento. Al contrario que Ausonio o los Vanderbilt, el matrimonio en los escalones sociales superiores del imperio no era una opción (ni para los príncipes de los alamanes, ni para los Tata) y, tal y como evidenciaron los acontecimientos posteriores, eran bienvenidos en el seno imperial, siempre y cuando no amenazaran los intereses de quienes estaban mucho más próximos al centro del poder imperial.

Hacia finales del siglo XIX, los dueños de las fábricas textiles de Bombay empezaron a ser vistos como potenciales rivales por sus homólogos de Lancashire. Como resultado, miembros de la comunidad india de negocios que se consideraban súbditos en pie de igualdad en el marco del gran sistema imperial descubrieron que no se les aplicaba ciertas características clave de la «britanidad». El nacionalismo del propio Tata, por ejemplo, surgió a raíz del arancel que el Reino Unido impuso en 1894 al algodón indio: Tata se quejó con amargura, aunque en privado y a sus asociados, en contra del «falso imperialismo que solo tiene en consideración a los ingleses».

De todos modos, durante las décadas siguientes el nacionalismo continuó gozando de más predicamento entre los intelectuales y empleados públicos de la India, quienes se enfrentaban a obstáculos más directos a sus aspiraciones personales, dado que el poder político estaba reservado, en última instancia, a funcionarios de la metrópoli. Los líderes nacionalistas sin intereses comerciales de importancia optaron por experimentar con ideologías radicales. El Congreso Nacional Indio no fue ninguna excepción, pues atrajo un porcentaje no desdeñable de socialistas, quienes, después de la Primera Guerra Mundial, se interesaron por el modelo turco de capitalismo estatal y por la planificación central al modo soviético. Ante el radicalismo creciente del Congreso, la clase de negocios de Bombay moderó su apoyo, animada por una administración colonial que trataba de ganar amigos allí donde pudiera. No obstante, en la década de 1930, gracias en parte a la influencia de líderes más conservadores con estrechos vínculos con notables familias comerciantes de la India, el Congreso suavizó su retórica socialista. Esto ocurrió justo cuando el Gobierno imperial incrementó sus políticas proteccionistas a favor de los fabricantes textiles de Lancashire, quienes sufrían los efectos de la Gran Depresión. Esta coincidencia cimentó por fin el vínculo entre los negociantes indios y el Congreso: era el inicio de una hermosa amistad. El Congreso obtuvo apoyo financiero para sus campañas políticas y las clases de negocios aspiraban a beneficiarse de la política industrial de dirección estatal que el Congreso planeaba para el futuro país independiente.

La India poseía una antigua civilización, con sólidas tradiciones culturales indígenas que, una vez movilizada en combinación con los provechos obtenidos del imperio por sus comunidades de negocios, fue capaz de generar en fecha temprana un movimiento nacionalista efectivo. Sin embargo, sus pautas básicas fueron una característica recurrente de la renovada agitación anticolonial que, hacia mediados del siglo XX, afectó a grandes extensiones de los viejos imperios europeos. En su mayor parte, esta fue impulsada por clases profesionales indígenas, en su mayoría compuestas por empleados públicos y directivos formados, pero subordinados a la estructura, que aspiraban a romper el techo de cristal que bloqueaba el camino hasta la cima. En el contexto de las periferias internas, sus aliados naturales eran las clases de negocios cada vez más prósperas pero marginadas en parte, pues preveían beneficiarse de las favorables políticas gubernamentales posteriores a la independencia.

Por tanto, las periferias internas de los dos sistemas imperiales, tanto el de la Antigua Roma como el del moderno Occidente, experimentaron, a la postre, pautas similares de agitación política. La primera, a mediados del siglo IV; la segunda, durante el periodo de entreguerras del XX. Aunque no en la misma escala que la de las provincias de pleno derecho que entraron en el núcleo imperial original, grupos particulares, tanto en la periferia interna de la Antigüedad como en la moderna, reunieron la suficiente riqueza nueva para generar un cambio irresistible en las pautas predominantes de poder político: tanto las del interior de las propias periferias, como las del equilibrio de poder entre dichas periferias y el centro imperial. La nueva riqueza siempre rehace el equilibrio de poder existente y genera nuevos bloques de poder con la capacidad y la necesidad de hacer valer sus intereses.

En la era romana, donde la clase social de poder de la periferia en el fondo ya estaba militarizada, el vínculo entre riqueza y poder era muy directo. Reunir un porcentaje significativo de la nueva riqueza acumulada en la periferia requería la aplicación de la fuerza existente. Esto, a su vez, incrementaba aún más su capacidad bélica y posibilitaba a los caudillos exitosos mantener más guerreros y proporcionarles un equipamiento superior mediante sus contactos romanos. En el siglo XIX y a principios del XX lo que empoderó a las emergentes élites indígenas fue una combinación de riqueza, ideologías nuevas y firmes y competencia técnica administrativa, más que la mera capacidad militar.

Aun así, el efecto político final fue equiparable: llevó al primer plano a nuevas fuerzas indígenas más capaces de cuestionar la continuación del ejercicio directo del poder imperial. Y, si bien la capacidad militar no fue tan central en el moderno proceso de evolución política de la periferia como en la Antigüedad, las dos conflagraciones mundiales ejercieron un papel de catalizador directo de los movimientos nacionalistas-independentistas de la moderna periferia interior. Durante esos periodos de conflicto sin precedentes, los gobiernos imperiales se concentraron en los acontecimientos de Europa, al tiempo que imponían fuertes exigencias a sus recursos coloniales. En el transcurso de las dos guerras mundiales, por ejemplo, Francia envió a centenares de miles de sus súbditos coloniales africanos al campo de batalla, mientras que el Reino Unido, solo en la India, reclutó más de dos millones de soldados. El temporal debilitamiento del poder imperial entre 1914 y 1918 ocurrió en un momento en que los movimientos nacionalistas eran, en su mayor parte, embrionarios. Sin embargo, cuando estalló la Segunda Guerra Mundial se habían consolidado numerosos movimientos nacionalistas, capaces de explotar los problemas a los que se enfrentaba el centro imperial y ninguno más fuerte que el de la India. Ya en la década de 1930, Mahatma Gandhi en particular contribuyó a convertir el movimiento del Congreso Nacional Indio en una fuerza coherente, de amplias bases y bien organizada, capaz de protestas cívicas, generalizadas pero pacíficas, como la célebre Marcha de la Sal de 1930.

Durante 24 días y 390 kilómetros, la Marcha de la Sal desafió el monopolio de la sal de la administración imperial. Aunque no logró sus objetivos inmediatos, en última instancia, logró transformar el movimiento independentista en una causa de amplia base popular, además de suscitar considerables simpatías en el extranjero. Por más que Winston Churchill quisiera ignorar a Gandhi, al que tachaba con sorna de «faquir desnudo», no tuvo más remedio que negociar con él y con el movimiento que había avivado.

Con este telón de fondo de una periferia interna cada vez más sólida, la sacudida del orden imperial planetario causada por la Segunda Guerra Mundial ejerció un impacto sustancial sobre el movimiento independentista en las colonias. Tras el segundo conflicto masivo en una generación, los viejos imperios europeos se enfrentaban a niveles colosales y sin precedentes de deuda pública, que requerían cuantiosos rescates para financiar la reconstrucción de la metrópoli, además de reducir sus gastos anuales. Pero la única fuente de efectivo disponible era Estados Unidos. Los estadounidenses estaban dispuestos a proporcionar fondos, pero —como era de esperar, al ser la primera colonia de la historia que se sacudió el dominio imperial europeo— no tenía la menor intención de financiar las, en su opinión, caducas ambiciones imperiales. Junto con su rival, la Unión Soviética, Estados Unidos, fue, durante décadas, el campeón del principio de autodeterminación contra el derecho de conquista en el que se basaba la herencia colonial de Europa (siempre y cuando, claro está, que los aspirantes a la autodeterminación no se hallaran en el patio trasero de Estados Unidos).

Todos, británicos, franceses y neerlandeses, querían preservar sus imperios y, en algunos casos, fueron a la guerra para retomar (o intentar retomar) colonias que pugnaban por independizarse. Sin embargo, vieron que, después de 1945, la balanza coste-beneficio —en parte financiero y en parte ideológico— se inclinó en contra de conservar el control directo de grandes cantidades de colonias. Los movimientos nacionalistas surgidos en estas tenían ahora mayor capacidad para movilizar apoyos suficientes entre las poblaciones locales, lo que se justificaba de acuerdo con a su reciente contribución al esfuerzo bélico colectivo del imperio, con lo que muchas de las colonias de Occidente eran cada vez más difíciles, y por tanto más caras, de gobernar. Además, el dinero estadounidense hizo sentir su peso. Los 15 000 millones de dólares del Plan Marshall remitidos por Estados Unidos (más o menos diez veces en moneda actual), complementados con grandes inversiones privadas en Europa y acceso sin restricciones a los mercados estadounidenses, fueron fundamentales para que los países europeos restablecieran sus devastadas economías. Si a todo esto le sumamos la firme negativa de los estadounidenses a cooperar con aventuras imperiales como el intento franco-británico de recuperar el canal de Suez de manos de Egipto en 1956, vemos que el imperialismo europeo a la vieja usanza estaba sentenciado. En las décadas posteriores a 1945, las potencias europeas, de forma más o menos voluntaria, y más o menos pacífica, entregaron el control directo de sus colonias a las élites locales fortalecidas durante la era imperial.

No obstante, aunque pudiera parecer que esta evolución histórica encaja en el relato feliz de la excepcionalidad estadounidense, en el que la primera nación que se sacudió el yugo del imperialismo británico ayudó a otras a hacer lo mismo, eso no es más que una parte de la historia. En realidad, el proceso de descolonización oficial no representó el fin del imperialismo occidental, sino más bien su reformulación en una forma nueva y muy creativa. Así como el sistema imperial romano ajustó sus operaciones en respuesta a las confederaciones más poderosas generadas por aquellas, aunque sin dejar de ejercer el control final, incluso durante la descolonización, el sistema imperial occidental siguió dominando, por medio de nuevos mecanismos, la gran mayoría de su antigua periferia colonial. La base institucional de esta fase culminante del imperialismo occidental surgió de una serie de prolijas conversaciones, presididas por los estadounidenses, celebradas en el verano de 1944 en una pequeña localidad de Nuevo Hampshire.

BRETTON WOODS

En julio de ese año, mientras las fuerzas aliadas pugnaban por abrirse camino desde la cabeza de playa de Normandía y la Segunda Guerra Mundial entraba en su último acto, el Gobierno estadounidense reunió a sus aliados en la localidad turística de Bretton

Woods. El propósito de la reunión era trazar las líneas maestras de la arquitectura financiera del mundo de posguerra. Dos hombres se destacaron por encima de los demás: John Maynard Keynes, en representación del Reino Unido; y Harry Dexter White, de Estados Unidos. Durante los dos años precedentes, Keynes y White habían trabajado con discreción y habían alcanzado un acuerdo general en numerosas cuestiones, pero todavía les separaba un punto principal. Los dos aceptaban la necesidad de una única divisa estándar con la que realizar todo el comercio mundial, con el fin de promover una mayor fluidez de intercambios que en los años de la Depresión de preguerra y esta debía estar respaldada con oro con objeto de garantizar estabilidad y confianza. Keynes pretendía restaurar el *statu quo ante* en todo lo posible. Si el Reino Unido preservaba su imperio, sus colonias desarrollarían su comercio externo en libras esterlinas y guardarían sus reservas en Londres, lo cual contribuiría a mantener el papel de la libra, desde hacía mucho tiempo una de las principales monedas de reserva del mundo. Esto tendría la ventaja adicional de mantener bajo el coste de los préstamos en el Reino Unido, al aumentar la reserva de dinero en el sistema bancario británico, y permitirle depender de sus propios recursos para financiar la reconstrucción de posguerra. White, por su parte, quería trasladar el centro de las finanzas globales a Estados Unidos y defendía los méritos del dólar estadounidense. Con el objetivo de proporcionar las garantías necesarias, propuso fijar su tasa de cambio con arreglo a la reserva de oro custodiada en el búnker de Fort Knox, que por aquel entonces albergaba alrededor de cuatro quintas partes de las reservas auríferas del mundo.[1]

En última instancia, White se salió con la suya. No ayudó a Keynes su mal estado de salud, pero, de todos modos, tenía las cartas en contra. Estados Unidos estaba, de hecho, pagando la mayor parte de las facturas bélicas y contaba, además, con una ventaja estructural enorme, aunque temporal. Dada la destrucción generalizada de la base económica de Europa, cuando la guerra finalizó, Estados Unidos generaba un tercio de la producción total mundial y la mitad de la producción industrial. Esto significaba que todo el mundo ansiaba los bienes estadounidenses, en particular el capital que necesitaba para reconstruir casas, fábricas e infraestructura. Esto, a su vez, requería la obtención de tal cantidad de dólares estadounidenses que a los países pronto les resultó más conveniente hacer negocios entre ellos en esa misma divisa, incluso después de que sus economías empezaran a recuperarse.

Los acuerdos resultantes de Bretton Woods crearon una serie de instituciones que garantizarían que la economía global de posguerra operase con la menor cantidad posible de limitaciones a los flujos de comercio y capital, al tiempo que protegían la dominación de las potencias occidentales. En primer lugar, los Estados signatarios del Acuerdo General sobre Aranceles Aduaneros y Comercio (GATT, General Agreement on Tariffs and Trade) se comprometían a adoptar un régimen de reducciones arancelarias que impidieran al mundo volver a las economías cerradas de los años de la Depresión, mediante una disminución gradual de las cargas tributarias que los gobiernos podían aplicar a las importaciones. En segundo lugar, el Fondo Monetario Internacional (FMI), serviría como un fondo de emergencia global, mantenido por contribuciones anuales de sus Estados miembro. En caso de un déficit de la balanza de pagos a corto plazo, durante el cual importaran más de lo que exportasen y se quedaran cortos de dinero, estos Estados podrían solicitar la asistencia del Fondo. Y si sus dificultades de pago fueran más inmanejables, el FMI ejercería en última instancia de prestamista y ofrecía empréstitos más sustanciales a cambio de la implementación de una serie de remedios financieros. Huelga señalar que el Fondo no fue creado para financiar utopías socialistas. La última creación de la conferencia fue el Banco Mundial. Dirigido, en un principio, a financiar la reconstrucción de la Europa devastada por la contienda, el Banco pronto dirigió su atención al desarrollo capitalista de la periferia, una vez que empezaron a llamar a su puerta los nuevos Estados surgidos de la descolonización de posguerra. Naciones Unidas completaba el nuevo orden mundial. Creado por separado del régimen financiero de Bretton Woods en 1945, ayudó a consagrar el dominio de las potencias aliadas y tenía su cuartel general —para que no quedase la menor duda de dónde estaba el nuevo centro del imperio— en Nueva York.

Apenas dos años después de la conclusión de la guerra, la India declaró la independencia, lo que desencadenó la descolonización de los imperios británico, francés y neerlandés. Sin embargo, aunque muy pocas de estas naciones poscoloniales asistieron a la conferencia de Bretton Woods,[2] casi todas se incorporaron a sus marcos institucionales. Además de la legitimidad que sus gobiernos obtuvieron de hacerse con un asiento en Naciones Unidas y de ser accionistas del FMI y del Banco Mundial, la gran mayoría del capital inversor que necesitaban para financiar sus ambiciosos proyectos de desarrollo se hallaba en Occidente. La Unión Soviética trató de crear un bloque económico comunista rival –el Consejo de Ayuda Mutua Económica (CAME)– pero este carecía de recursos suficientes para ser de gran ayuda a sus Estados miembro. Los mercados occidentales, por el contrario, eran centros de demanda ricos y en expansión y, una vez sus economías volvieron a ponerse en pie, en las décadas de 1950 y 1960, volvieron a tener los bolsillos bien provistos. Muchos de los nuevos gobiernos surgidos en la periferia, como es natural, rechazaban la herencia de la dominación imperial y empleaban la retórica del no alineamiento. Sin embargo, en la práctica, la necesidad económica los mantuvo con firmeza en el campo occidental.

Además de la considerable influencia individual que las potencias occidentales podían ejercer sobre estos nuevos Estados –por medio de ayuda financiera, influencia diplomática, actividades encubiertas en apoyo u oposición de un gobierno y presión militar como los bloqueos portuarios–, las potencias occidentales podían aplicar una presión colectiva aún más intensa sobre los gobiernos del mundo en vías de desarrollo para hacerlos entrar en vereda. Las decisiones de la Asamblea General de Naciones Unidas se tomaban según el principio de un país, un voto, lo cual favoreció a la plétora de nuevos Estados, pero los votos del Consejo de Seguridad, que podían autorizar el uso de fuerza, daban derecho de veto a sus cinco miembros permanentes: Estados Unidos, la Unión Soviética, Francia, China (representada hasta 1971 por el Gobierno de Taiwán), y el Reino Unido. Aún más importante, el voto en el FMI y en el Banco Mundial se hacía como en las empresas privadas, en las que el volumen de acciones dicta la influencia de cada uno. Estados Unidos, como principal contribuyente, contaba con casi un cuarto de los votos; entre ellas, las potencias occidentales controlaban todas las decisiones clave. No siempre estaban de acuerdo –véase el fiasco de Suez de 1956– y la relación precisa con China o la Unión Soviética variaba de un país occidental a otro. Sin embargo, en los principios fundamentales que regían la economía política global –libre comercio, propiedad privada, mercados de intercambio–, hacían causa común.

Bretton Woods institucionalizó los cimientos de un orden comercial global en el cual el flujo neto de recursos globales siguió moviéndose desde la vieja periferia imperial de la economía global hacia su centro imperial de Occidente. La pauta prevaleciente de desarrollo mundial, tal y como quedó establecida en 1945, significó que las fábricas permanecieron concentradas en el Occidente desarrollado. El régimen de comercio liberal de bienes manufacturados permitió a las firmas occidentales dominar los mercados mundiales de bienes industriales, dado que toda empresa incipiente de la periferia tenía graves dificultades para competir con las empresas, mucho más desarrolladas y mejor capitalizadas, que controlaban con mano firme el conocimiento industrial. En teoría, los países en desarrollo podían construir sus economías por medio de la exportación de productos agrarios y de las materias primas a Occidente. Pero, dado que los granjeros constituían un sector de gran influencia política en los países occidentales, reforzada por las recientes experiencias de hambruna de la Segunda Guerra Mundial, los acuerdos GATT originales no aplicaron un grado similar de liberalización a los productos agrarios. Los fabricantes de la periferia experimentaron hondas dificultades para competir en sus países con las importaciones occidentales, mientras que sus granjeros se enfrentaron a obstáculos considerables para expandir su cuota de mercado entre los consumidores del Oeste.

En el mismo periodo, el cambio al dólar como unidad contable trasladó con rapidez el centro de la economía mundial del Reino Unido a Estados Unidos. Pese a que Londres siguió como uno de los principales centros bancarios del mundo, esta cedió de inmediato a Nueva York su posición en la cúspide de las finanzas globales.[3] En 1945, casi nueve décimas partes de las reservas de divisas extranjeras del mundo consistían en libras esterlinas y estaban, por tanto, guardadas en bancos británicos (dado que solo los bancos registrados en el Reino Unido podían proporcionar servicios de cuentas en la divisa británica). En el transcurso de los veinticinco años siguientes, esa cifra cayó a menos de una décima parte y el dólar estadounidense ocupó su lugar; hacia 1970, sumaba unos tres cuartos de las reservas mundiales.

A medida que se inflaban las reservas guardadas en los bancos neoyorquinos, la reserva de ahorros disponible en Estados Unidos iba creciendo. Había que poner a trabajar todo este dinero guardado en bancos estadounidenses, dado que los gobiernos propietarios recibían intereses por ello. Buena parte fue prestado al Estado estadounidense y, dado que el gobierno no tenía que ofrecer condiciones particularmente generosas para atraer fondos suficientes, el efecto final fue que todo el sistema bancario estadounidense mantuvo bajas las tasas de interés. Aún mejor: la economía estadounidense disponía ahora de lo que venía a ser un subsidio anual del resto del mundo. Aunque, en teoría, todo gobierno que tuviera dólares estadounidenses en sus reservas podía pedir al Gobierno de Estados Unidos intercambiarlos por el equivalente en oro de Fort Knox (a un cambio fijo de 35 dólares por onza [28 gramos]), en la práctica, casi todos los ejecutivos, incluso los comunistas, rara vez se molestaron en hacerlo: era más fácil dejar esos dólares en cuentas bancarias estadounidenses en lugar de trasladar por el mundo todo ese pesado oro a sus propios cofres, donde, además, tendrían que custodiarlo. Cuando los gobiernos comerciaban entre ellos, se limitaban a transferir sus dólares entre sus respectivas cuentas bancarias en Estados Unidos, un proceso mucho más rápido y fácil que transportar oro físico.

Esto creó una situación donde todo país que quisiera obtener dólares estadounidenses necesitaba producir algo que pudiera vender, mientras que Estados Unidos, en caso de necesitarlo, no tenía más que imprimir más dinero. Y lo hizo con entusiasmo: en el cuarto de siglo posterior a la contienda, creó tres veces más dólares que el que podía respaldar con sus reservas de oro.[4] En esencia, lo que el Tesoro estadounidense daba a otros ejecutivos era poco más que letras de pago, que estos se limitaban a acumular en lugar de hacerlas efectivas. Con el tiempo, cuando fue evidente que todo el mundo se contentaba con acumular estos pagarés e intercambiarlos entre sí, el

Tesoro perdió toda necesidad de recuperarlos y se limitó a crearlos de la nada. Aunque otros gobiernos en ocasiones se quejaron de este «privilegio extraordinario», nadie planteó ninguna objeción seria. Los ejecutivos de la periferia no podían hacer nada al respecto –por lo general necesitaban divisas fuertes más que ningún otro–, mientras que los gobiernos occidentales, en última instancia, se beneficiaban de las fuertes inversiones de posguerra de las firmas estadounidenses en Europa. En la práctica, lo que los países occidentales le daban a Estados Unidos, les venía devuelto. No obstante, debido a que la inversión estadounidense en la periferia fue mucho más limitada en las décadas posteriores a la contienda, los países periféricos salían perdiendo: entregaban, *de facto*, sus productos gratis a Estados Unidos, que, a continuación, los volvían a poner en circulación en el núcleo de la economía mundial.

Aparte de esas ventajas particulares para Estados Unidos, todas las antiguas potencias imperiales se beneficiaron del flujo unidireccional de riqueza global posterior a 1945, además de liberarse de los costes de la administración política colonial de los Estados recién independizados, lo que creó así una situación (para ellos) mutuamente beneficiosa. Además, las medidas adoptadas por muchos de los nuevos Estados para aumentar su desarrollo económico intensificaron este flujo de forma inadvertida. Muchos países en desarrollo optaron por estrategias de industrialización que limitaran las abundantes importaciones de productos acabados de Occidente, lo cual les llevó a adquirir tecnología occidental y a incrementar sus exportaciones de materias primas para cubrir el coste. Esto, a la vez, acrecentó el mercado de las exportaciones occidentales y mantuvo bajo el precio de las materias primas y los alimentos de importación. El antiguo control político imperial desapareció, pero siguió funcionando un sistema económico imperial (o neocolonial, como se le llamó a menudo), que reportaba beneficios materiales al centro. El resultado fue que la ratio de ingresos per cápita entre «Occidente y el resto» pasó de treinta a uno en 1950, al doble de esa cifra hacia fin de siglo. La descolonización oficial no supuso, ni por asomo, el fin de la dominación global de Occidente. En la práctica, las operaciones del sistema de Bretton Woods no solo redefinieron el imperio occidental como un club de naciones privilegiadas encabezado por Estados Unidos, sino que permitió a este último hacerse más rico desde el periodo de posguerra, al seguir cosechando los frutos de un orden comercial y financiero que seguía siendo profundamente colonial.

La nueva independencia de los numerosos nuevos Estados del mundo no fue una impostura en absoluto. A largo plazo, el desarrollo económico y político de la era colonial había empoderado a buena parte de la periferia, hasta tal punto que consiguieron autonomía y sacudirse el control imperial directo. Aunque en algunos lugares, como Vietnam, Argelia e Indonesia, se necesitaron alzamientos violentos contra el gobierno imperial, en la mayoría se hizo por medio de la negociación, una vez los imperios europeos reconocieron que su tiempo se había acabado. En el periodo posterior a 1945, los nuevos Estados creados por este proceso empezaron a disfrutar de verdaderas libertades, con una considerable laxitud para gobernar sus asuntos, si bien con el entendido implícito de que lo harían al amparo de un sistema económico global dominado por las potencias occidentales y dirigido por Estados Unidos. En el marco del sistema, los Estados tenían suficiente margen para imponer parte de sus agendas sin represalias occidentales, como vieron los gobiernos chilenos de la década de 1960. Pero, si sobrepasaban los límites de su autoridad, y amenazaban la completa ruptura con el sistema occidental, este aplicaría el peso de su hegemonía con fuerza decisiva, como descubrieron por las malas el presidente Salvador Allende y sus partidarios.

Allende cometió el error fatal de sobrestimar el peso económico del bloque soviético y la capacidad de los vínculos socialistas de compensar al imperio occidental. En realidad, Occidente dominaba la economía mundial, pues disponía de la inmensa mayoría de la producción, los ingresos y los mercados. Los problemas estructurales de la economía rusa, así como su determinación para mantener unas fuerzas armadas de superpotencia, suponían una carga constante sobre su crecimiento y limitaban los recursos disponibles para apoyar sus ambiciones diplomáticas. A pesar de su fachada de logros científicos, simbolizada por el satélite Sputnik y el primer vuelo espacial de la historia, el de Yuri Gagarin en 1961, la dependencia soviética de la exportación de materias primas como el petróleo y el gas natural significó que la cantidad de riqueza que podía generar su economía se pareciera más a la de un país en vías de desarrollo, lo cual le convertía, en el mejor de los casos, en un aparente rival de Estados Unidos y sus aliados. Este «Alto Volta con misiles»* andaba tan escaso de efectivo que el apoyo a Cuba después de la revolución de 1959 absorbió la mayor parte de los recursos disponibles, pues hasta los soviéticos necesitaban dólares estadounidenses para comerciar fuera del CAME. Esta debilidad económica, combinada con el cisma entre China y Rusia causado por el resurgir de tensiones históricas a mediados de la década de 1950 (y que derivó en la guerra fronteriza no declarada de 1969), frustró la formación de un bloque comunista global que rivalizara con el Oeste. Por tanto, era inevitable que, cuando Allende se dirigió a Moscú en busca de apoyo, lo único que obtuviera fueran palabras amables y poco más.[5]

Al igual que la Roma del siglo IV, el Occidente posterior a 1945 siguió controlando los clientes más sólidos de su periferia interna, mientras su prosperidad interna florecía como nunca. En ninguno de ambos casos, con todo, esta feliz situación supuso el punto final del desarrollo de sus respectivos sistemas imperiales. Las ambiciones iniciales de las periferias internas firmes habían sido contenidas de manera efectiva, pero pronto se originaron desafíos mucho mayores para la continuidad del dominio imperial en otra parte.

NOTAS

1   El tesoro custodia 22 020 700 446 de dólares en oro; alrededor del 80 por ciento de las reservas monetarias del mundo están en este país, *New York Times*, 7 de enero de 1941. [https://www.nytimes.com/1941/01/07/archives/22020700446-gold-held-by-treasury-about-80-of-monetary-stock-of.html].

2   Acudieron a la conferencia varios países latinoamericanos y algunos Estados independientes de la periferia como Irak y China, si bien su impacto en el acuerdo final fue limitado.

---

*   N. del T.: Célebre frase acuñada en la década de 1980 por el periodista británico Xan Smiley, corresponsal en Moscú (1986-1989) de los diarios londineses *Daily Telegraph* y *Sunday Telegraph*. Ha sido atribuida a Henry Kissinger, Helmuth Kohl e incluso a Mijaíl Gorbachov. La frase ironiza acerca de la desproporción entre el sector militar y el desarrollo civil de la Unión Soviética.

3   En 1945, la libra esterlina era la principal divisa de reserva del mundo, pero en las décadas siguientes fue reemplazada cada vez más por el dólar estadounidense. En la actualidad, unas tres quintas partes de las reservas de moneda extranjera del mundo están en bancos de Estados Unidos. (Barry Eichengreen, Livia Chiṭu y Arnaud Mehl, agosto de 2014: *Stability or Upheaval? The Currency Composition of International Reserves in the Long Run*, European Central Bank Working Paper Series n.º 1715 [https://www.ecb. europa.eu/pub/pdf/scpwps/ecbwp1715.pdf].

4   En realidad, el Tesoro no producía dinero físico. A los bancos se les ordenaba dar crédito a una cuenta de cliente, con cantidades de dólares que, en teoría, podían canjearse por oro.

5   El documento de 1974 de la CIA es de una franqueza devastadora. Se titula, pura y simplemente, *The Soviets Abandon Allende* [https://www.cia.gov/ library/readingroom/docs/DOC_0000307740.pdf].

SEGUNDA PARTE

CAPÍTULO 5

Todo se derrumba

Los sistemas imperiales se desintegran por todo tipo de razones. Algunos son conquistados. Los mongoles llegados de la estepa euroasiática barrieron a los Song de China en el transcurso de cincuenta años de campañas brutales. Otros se derrumban a causa de puntos flacos en su estructura interna. El Imperio carolingio –centrado en Francia, el oeste de Alemania e Italia– fue un movimiento expansivo de tres generaciones basado en una ventaja militar momentánea, que se desmoronó con la misma rapidez con la que surgió. El fin del Imperio romano de Occidente no encaja en ninguna de estas categorías básicas.

Los forasteros armados de más allá de las fronteras –los pueblos que los romanos tachaban sin más de «bárbaros»– tuvieron algo que ver con su fin. Hacia 500 d. C., la gran mayoría de los territorios del antiguo Imperio romano de Occidente estaba controlado por grupos de bárbaros militarizados que habían cruzado la frontera en el transcurso del siglo precedente. El centro y sur de Britania estaba siendo repartida entre los caudillos guerreros anglosajones llegados del otro lado del mar del Norte. El norte de la Galia estaba gobernada por la dinastía franca de los merovingios y el sudeste de la Galia pertenecía a los soberanos burgundios. Los monarcas visigodos regían el sudoeste de la Galia y el grueso de la península ibérica y sus homólogos ostrogodos hacían lo propio en Italia, Sicilia y la costa dálmata. La gran ciudad de Cartago y las ricas provincias norteafricanas eran dominios de la dinastía Asdinga, en cabeza de una coalición de guerreros vándalos y alanos.

Con todo, muchos de estos nuevos reinos no fueron creados por simple conquista. El músculo militar extranjero que sostenía a dos de ellos —el visigodo y el de vándalos y alanos— ya estaba presente en suelo del Oeste romano en el año 410 d. C., pese a que el último detentador del trono imperial de Occidente no fue derrocado hasta setenta años más tarde. De igual modo, fue el propio gobierno del Imperio romano de Occidente el que estableció a los burgundios en suelo romano en la década de 430, mientras que los reinos franco y ostrogodo solo nacieron después de la destitución de Rómulo Augústulo —al que la tradición considera el último emperador romano de Occidente— en septiembre de 476. El Imperio romano de Occidente acabó en manos de dinastías bárbaras, pero no fue ninguna conquista mongola.

Es más: la caída de Occidente solo fue la primera parte de un proceso de desmantelamiento imperial en dos etapas. En 500 d. C., la mitad oriental del Estado romano —con los centros productores clave de Asia Menor, Siria, Palestina y Egipto— permanecía intacto y seguía ejerciendo su hegemonía sobre buena parte del Occidente posromano. El reino de los burgundios (aunque por interés propio) reconocía la teórica autoridad de los dirigentes de Constantinopla en las primeras décadas del siglo VI. Además, a partir de los inicios de la década de 530, el emperador de Oriente, Justiniano (527-565), logró destruir los reinos vándalo-alano y ostrogodo e, incluso, a principios de la década de 550, anexionarse parte del litoral meridional ibérico. Sin embargo, cien años más tarde, la mitad oriental del Imperio romano también quedó eclipsado.

El desmantelamiento del Imperio romano de Oriente se inició con una extenuante conflagración mundial de veinticinco años contra su gran enemigo persa a principios del siglo VII. La bancarrota resultante de ambos imperios creó el contexto adecuado para la expansión de las recién islamizadas fuerzas árabes, las cuales destruyeron durante las décadas centrales de la centuria al Imperio persa y arrebataron a Constantinopla la mayoría de sus provincias más opulentas. En la década de 630, la expansión árabe engulló Siria y Palestina. En la década de 650 llegó lo peor, con la conquista de Egipto, mientras que la rica franja costera de Asia Menor (que albergaba algunas de las ciudades de la Antigüedad más célebres, como Éfeso y Sardes) quedó convertida en un campo de batalla devastado: en lugar de una tierra de abundancia, pasó a ser una región de fortalezas y aldeas aisladas. En este momento, a pesar de que vendrían más conquistas (el norte de África cayó en la década de 690), el verdadero daño ya estaba hecho. Debido a que Constantinopla logró sobrevivir sin ser conquistada, suele pasarse por alto el hecho de que el siglo VII marcó el fin efectivo de la mitad oriental del Imperio romano. La conquista islámica privó a los mandatarios de Constantinopla de unas tres cuartas partes de sus ingresos y degradó al imperio, que pasó de ser una potencia mundial a una fuerza regional en el extremo oriental del Mediterráneo. En realidad, el nuevo Imperio bizantino –así llamado por Bizancio, nombre original de Constantinopla– fue un Estado sucesor del Imperio romano, igual que cualquiera de los reinos occidentales: un involuntario Estado satélite del mundo islámico capaz de expandirse un poco cuando su poderoso vecino experimentaba agitación interna, pero condenado a reducirse cada vez que se restauraba la unidad islámica.

Escenificado en el transcurso de dos siglos y medio, el desmantelamiento total del sistema imperial –como evidencia incluso este breve resumen– implicó complejas interacciones entre un elevado número de factores dispares. Esto explica por qué, a lo largo de los años, ha habido tantas explicaciones diferentes a la caída de Roma. Es también evidente que el moderno imperio occidental no ha caído, no lo hará de inmediato y, de hecho, no tiene por qué caer del mismo modo que su predecesor de la Antigüedad. La economía de Roma era fundamentalmente agraria y estática, lo cual convertía la riqueza y el poder en los niveles superiores en un juego de suma cero. Para que hubiera un ganador político era necesario que hubiera perdedores. El poder se basaba en el control de una reserva más o menos estable de activos agrícolas y, si el sistema comenzaba a enfrentarse a desafíos de importancia, no era posible generar grandes cantidades de riqueza con la que esquivar los problemas mediante el incremento del número de ganadores. Esto también es mucho menos evidente en el caso de su homólogo occidental moderno, cuya historia, como hemos visto, se ha caracterizado por siglos de crecimiento económico exponencial.

Aun así, existen numerosos motivos para asumir que el ciclo vital imperial del moderno Occidente ha alcanzado, como mínimo, un punto de inflexión importante. En menos de dos décadas, su porcentaje del PIB global ha caído en más de una cuarta parte, lo cual es evidente que es mucho más que un simple traspié. Con este telón de fondo, la comparación con el desmantelamiento del sistema romano, pese a las muchas diferencias de contexto y detalles precisos, continúa, en nuestra opinión, teniendo un gran poder explicativo. No obstante, llegados a este punto, la comparación debe continuar de un modo algo diferente, dado que la caída de Roma se ha consumado, mientras que la futura historia de Occidente contiene numerosos enigmas (tanto de la variedad conocida, como de la desconocida). No es posible, por tanto, seguir con la comparación en paralelo. A pesar de ello, en el mundo moderno es ya evidente una serie de pautas en desarrollo que nos permite emplear la historia romana para demostrar, primero, que Occidente apenas está empezado a experimentar los primeros compases de una crisis que podría llegar a ser existencial; y, segundo, que esta crisis se basa en los mismos componentes clave que socavaron a su homólogo romano de la Antigüedad. El mejor lugar donde iniciar el análisis es un breve estudio de los factores clave en el corazón del colapso de Roma.

EL ASCENSO DEL NORTE

En el verano de 773, Carlomagno franqueó los Alpes y atrapó al rey lombardo Desiderio en su capital de Pavía. Aunque el asedio se prolongó hasta el verano siguiente, Desiderio fue enviado a un monasterio y Carlomagno, que ya era monarca de los francos, fue coronado de inmediato soberano de Italia y aceptó la sumisión de la nobleza lombarda. Este fue el inicio del Imperio carolingio. Aunque no logró acercarse, ni de lejos, a la durabilidad de su predecesor romano, el ascenso de un nuevo centro de poder imperial europeo en territorios que habían formado parte de la periferia de Roma ilustra uno de los factores clave que impulsaron la caída imperial romana.

La base del poder económica y demográfica de Carlomagno radicaba en el nordeste del reino franco, a ambos lados de la vieja frontera romana; abarcaba territorio de lo que hoy sería el nordeste de Francia, el Benelux y Alemania occidental. En los comienzos del primer milenio, las poblaciones de estas regiones eran demasiado débiles para resistir la conquista romana, o tan subdesarrolladas que los romanos decidieron que no valía la pena su incorporación formal al imperio (*vid.* pág. 35). En un marcado contraste, Carlomagno pudo emplear los recursos demográficos y económicos de esta región, ahora más expandidos, para conquistar extensiones considerables de territorio mediterráneo. Además, aunque el Imperio carolingio no logró perdurar, no fue un caso único. Los otónidas, que sucedieron a los carolingios en el siglo X, tenían su base de poder aún más al este, entre el Rin y el Elba, y emplearon los recursos del norte para volver a conquistar la mayor parte de Italia durante el siglo X. En el transcurso del primer milenio, se invirtió todo el equilibrio geopolítico de poder sobre el que se había asentado el Imperio romano –que utilizó la riqueza y los recursos humanos del Mediterráneo para conquistar en el norte– y el nuevo patrón que hizo posible a Carlomagno se ha mantenido en vigor hasta la actualidad. El norte de Europa ha albergado desde entonces mayores poblaciones y economías más grandes y, por tanto, ha dominado casi siempre al sur mediterráneo.

La explicación de este giro decisivo del equilibrio europeo de poder es simple. La Europa mediterránea tenía tierras muy fértiles, más ligeras y más fáciles de explotar en la Antigüedad sin necesidad de equipamiento agrícola complicado y caro. El norte de Europa ofrecía recursos incomparablemente mayores, pero los problemas tecnológicos asociados a su plena explotación, tanto sus suelos más húmedos y pesados como los grandes recursos marinos, eran más complejos. En tiempos de Carlomagno, empezó a utilizarse la *carruca*, el clásico arado pesado norteño –una enorme reja de hierro montada en un carro de dos ejes tirado por yuntas de hasta ocho animales–, la productividad del norte creció y el equilibrio de poder económico y demográfico de Europa empezó a desplazarse.

Esta revolución estratégica puede considerarse una de las historias más importantes de todo el primer milenio. Aunque Roma no fue responsable de todo el proceso, con el Imperio carolingio se culminaron los mecanismos de desarrollo activados por cuatro siglos de interacción entre el centro romano y sus periferias europeas. En la periferia interior, la productividad agrícola y la densidad poblacional experimentaron un incremento significativo durante el periodo romano (Capítulo 3), que prosiguió hasta que, hacia el siglo VIII, logró revertir la distribución básica de poder sobre la que la dominación romana de Eurasia occidental, radicada en el Mediterráneo, se había asentado.

Algunas de las consecuencias políticas de ese prolongado proceso de desarrollo ya eran visibles hacia el siglo III, pues generó las confederaciones «bárbaras» más poderosas que se expandieron por antiguos territorios imperiales: el norte de Britania, entre el Alto Rin y el Danubio, y en Transilvania (*vid.* pág. 59). En el siglo V, las entidades políticas con base en la periferia interna desempeñaron un papel aún mayor en el desmantelamiento del sistema romano de Occidente. Las bandas guerreras anglosajonas que prosperaron con tanto vigor en la antigua Britania romana se originaron en el noroeste de la periferia interna de Roma, al igual que el reino franco que Carlomagno, tiempo después, convirtió en un imperio. Pese a que esta transformación no alcanzó su madurez en el siglo V, en esa época ya había progresado lo suficiente como para contribuir a inclinar la balanza de poder contra la continuación del poder imperial de Roma de base mediterránea.

COMPETICIÓN ENTRE SUPERPOTENCIAS

Un relieve pétreo de Bishapur, en el actual Irán, retrata el humillante cautiverio y sumisión del emperador romano Valeriano ante el *Shah-in-shah* (rey de reyes) persa, Sapor I (240-272). En palabras del propio Sapor, esculpidas en tres lenguas en torno al gran altar de fuego zoroastriano de Naqš-e Rustam:

> Tras instalarnos en el dominio de las naciones, Gordiano césar organizó un ejército y marchó contra nos. Gordiano fue destruido y el ejército romano aniquilado. Los romanos proclamaron césar a Filipo.* Y Filipo vino a nos a pactar la paz y pagó 500 000 denarios y devino tributario. Y el César volvió a mentir e hizo injusticia a Armenia. Marchamos contra el imperio romano y aniquilamos a un ejército romano de 60 000 hombres en Barbalissos. En la campaña [tomamos] treinta y siete ciudades. En el tercer choque [...] vino contra nosotros Valeriano césar. Venía con él una fuerza de 70 000 hombres [...] le hicimos prisioneros con nuestras propias

---

* N. del T.: Se refiere a Filipo el Árabe (*reg.* 244-249).

manos, así como a todos los comandantes del ejército. En esta campaña, conquistamos treinta y seis ciudades.

Al movilizar con más efectividad los recursos humanos y económicos de los actuales Irak e Irán que sus predecesores arsácidas, la dinastía sasánida –a la que pertenecía Sapor– consolidó durante el siglo III su control de Oriente Medio y ya en la época del padre de Sapor, Ardashir (224-240) empezó a lograr victorias sobre Roma. El dominio arsácida fue destruido durante el periodo de expansión romana de finales del siglo II, en el cual Septimio Severo creó dos provincias nuevas en lo que hoy serían Siria e Irak y avanzó la frontera imperial hacia el sur y el este. Esta derrota causó un daño fatal a los arsácidas –que habían regido el mundo persa desde 247 a. C.– y permitió el triunfo de los sasánidas. El ascenso de la Persia sasánida a la categoría de superpotencia competidora de Roma debe verse, en consecuencia, del mismo modo que el surgimiento de las nuevas confederaciones de las periferias europeas: como una respuesta dinámica, de carácter regional, al imperialismo romano. En el caso persa, sin embargo, esto fue más bien una reorganización militar y política en el seno de un mundo que era hogar de civilizaciones complejas desde el cuarto milenio antes de Cristo, no la prolongada expansión demográfica y económica que sostuvo al Imperio carolingio.

La guerra con Persia, con el tiempo, sirvió de catalizador de la pérdida de la condición de superpotencia del Imperio romano de Oriente durante el siglo VII. No obstante, esta también influyó en el derrumbe de Occidente en el siglo V. Desde el siglo III en adelante, la reafirmación del estatus de superpotencia de Persia sometió a una presión más profunda al Imperio romano que los problemas de la periferia interna europea, que dieron lugar a la ocupación alamana del Alto Rin y la pérdida de la Dacia transilvana. Ninguna de las nuevas confederaciones europeas fue capaz de lograr victorias comparables a las de Sapor, que destruyó tres grandes ejércitos de campaña romanos,[1] una catastrófica secuencia de derrotas que obligó a una restructuración fundamental del sistema romano. Según cálculos conservadores, el Ejército romano tuvo que expandirse durante el siglo III al menos en un 50 por ciento (algunos argumentan que se duplicó). Y, dado que el Estado romano gastaba alrededor del 75 por ciento de sus limitadas rentas tributarias en las fuerzas armadas, una enorme expansión de efectivos como esta planteó enormes quebraderos de cabeza fiscales y exigió un incremento total de gravámenes de más de un tercio. Si se tiene en cuenta lo difícil que es para los políticos modernos aumentar el gasto sanitario siquiera en un 1 o un 2 por ciento, cuando la salud supone apenas un 8 por ciento del gasto total del gobierno, entonces es evidente la magnitud del problema sistémico planteado por Persia.

Echar mano de los ingresos de las viejas ciudades (el cambio que, al cabo de un tiempo, impulsó a las élites provinciales como Ausonio a seguir carreras en la administración imperial; *vid.* Capítulo 2) fue una de las respuestas inmediatas, como también lo fue la depreciación progresiva del denario de plata. Esta era la moneda en la que los legionarios siempre habían recibido su paga y las sucesivas devaluaciones progresivas impulsaron la célebre hiperinflación de la segunda mitad del siglo III (*vid.* pág. 5). Debido al incremento masivo de efectivos militares, ya no había en el imperio metal suficiente para acuñar monedas de plata pura en las cantidades convenientes. Cuando estas soluciones a corto plazo fueron ineficaces, la respuesta estructural a largo plazo fue un régimen fiscal más estricto y una revolución en la paga militar, que pasó de la moneda de plata a la distribución regular de retribuciones en especie (alimentos, equipo y otros elementos esenciales) y pagos ocasionales en oro puro. Hacia las últimas décadas del siglo III, tales medidas produjeron cantidades suficientes de soldados romanos razonablemente bien pagados con los que contener las grandiosas ambiciones sasánidas.

Hacia la década de 290, los ejércitos romanos, reformados y reforzados, volvieron a lograr importantes victorias en Oriente. A pesar de ello, la Persia sasánida mantuvo su estatus de superpotencia: un competidor permanente, en pie de igualdad, del sistema imperial romano, una situación a la que nunca se había enfrentado antes. Esto hizo que una proporción enorme de los recursos militares y fiscales del imperio tuviera que apuntar siempre en dirección a Persia: algo así entre un cuarto y un tercio de las fuerzas militares de Roma. Si una cantidad significativa de tales fuerzas era enviada a otros lugares a hacer frente a otros problemas, los dirigentes persas solían aprovechar la oportunidad para explotar la situación.

Lo que es peor, el ascenso de Persia generó importantes efectos estructurales que dañaron aún más el funcionamiento del sistema romano. A causa de la lentitud de las comunicaciones, las enormes fuerzas que contenían la agresión persa en Oriente requerían un estricto control político, pues, en caso contrario, era muy probable que su comandante intentara hacerse con la púrpura. Esta fue una importante lección aprendida por las malas en múltiples ocasiones durante el siglo III. No obstante, un emperador que estuviera cerca de la frontera del este se hallaría demasiado lejos para controlar el otro centro principal de poder militar romano en la frontera renana, así como para distribuir prebendas entre las élites occidentales cuya participación activa hacía funcionar el sistema imperial. En consecuencia, a partir de finales del siglo III, el poder imperial quedó dividido entre, al menos, dos emperadores y en ocasiones más.

Este resultado era inevitable, como demostraron varios intentos fracasados de gobernar en solitario durante el periodo tardorromano. Por otra parte, dividir el poder imperial afectó al correcto funcionamiento del sistema. Ningún mandatario controlaba todos sus recursos y había momentos regulares de tensión entre coemperadores –incluso entre los de una misma familia– que, a veces, desembocaban en guerras civiles. A lo largo del siglo IV murieron más soldados romanos en tales contiendas civiles periódicas que en combate contra bárbaros europeos (si bien perecieron en cantidades aún mayores en el conflicto permanente con Persia). En conjunto, por tanto, el ascenso de Persia redujo la fortaleza estructural –las reservas económicas y demográficas– del sistema romano con la que encarar nuevos problemas y dificultó la movilización unificada de tales recursos. La importancia de estos acontecimientos pronto quedó de relieve, a finales del siglo IV, cuando surgieron nuevas amenazas.

CHOQUE EXÓGENO

A finales del verano de 376, dos grandes grupos de bárbaros godos aparecieron en las orillas del Danubio. Solicitaban asilo a cambio de servicio militar. Para tratar de limitar los posibles daños, los romanos admitieron a un grupo, los tervingios, pero los greutungos fueron rechazados. Empeñados en una nueva confrontación con Persia a casi dos mil kilómetros al este, tuvieron que transcurrir dos años hasta que el emperador de Oriente, Valente, pudo trasladar sus ejércitos de campaña del este. Por el momento, sus efectivos eran muy insuficientes para expulsar a ambos grupos godos del territorio romano.

El intento de Valente de dividir y vencer fracasó. Los tervingios, una vez dentro de la frontera, empezaron a impacientarse a causa de la falta de alimentos. El problema fue agravado por los romanos, pues, en previsión de posibles problemas, trasladaron los suministros disponibles a bases defendidas que los godos no podían capturar con facilidad. El comandante romano local entró en pánico y trató de asesinar a los caudillos godos después de invitarlos a comer: este intento fallido fue la gota que colmó el vaso y llevó a los tervingios a rebelarse. Sus líderes, además, se mantenían en contacto con los excluidos greutungos, con lo que, a principios de 377, Valente se enfrentó a una revuelta goda unificada. Dos campañas más tarde, Valente compró la paz a Persia, con lo que por fin pudo trasladar a su ejército de operaciones al oeste. El emperador se adentró en los Balcanes con un contingente, mientras que el emperador de Occidente, su sobrino Graciano, avanzó hacia el este a su encuentro. Sin embargo, Graciano se retrasó. Valente se impacientó y avanzó a toda velocidad hacia Adrianópolis, la moderna Edirne, cercana a la frontera turco-búlgara. Los exploradores informaron de que las dos fuerzas godas se habían dividido para facilitar la tarea de hallar suministros y Valente confiaba en que podría emboscar por separado a los tervingios. El reporte era erróneo. En la mañana del 9 de agosto de 378, el ejército de campaña del Imperio romano de Oriente se apresuró a entrar en acción y cayó a su vez en una trampa. Los greutungos también estaban presentes. En la matanza subsiguiente, el emperador y dos tercios de su ejército fueron masacrados. Esta secuencia de acontecimientos parece un ejemplo clásico de invasión bárbara y, en cierto modo, sí que lo era. Sin embargo, existe una dimensión mucho más importante en esta historia.

Los godos no querían invadir el Imperio romano. Como ocurre con los ejemplos modernos de migración en masa, es importante no subestimar nunca los enormes peligros y costes que supone abandonar el país propio y partir hacia nuevos horizontes. Los godos que llegaron al Danubio en 376 formaban parte del sistema imperial y ocupaban tierras en la periferia interna desde hacía casi un centenar de años. Fue un choque exógeno lo que los puso en marcha: la intrusión depredadora en los territorios godos de hunos nómadas llegados de la gran estepa euroasiática. Los greutungos estaban en primera línea contra los hunos y resistieron cierto tiempo, pero, a la postre, llegaron a la conclusión de que la vida en lo que hoy es Ucrania era insostenible. Empezaron una retirada organizada en dirección oeste, lo que, a su vez, desestabilizó a sus vecinos, los tervingios. Las fuentes antiguas no proporcionan una explicación convincente de por qué los hunos iniciaron su avance, pero muestras de hielo analizadas en fechas recientes indican que la climatología inusual de principios de la década de 370 generó un periodo de sequía crónica en la estepa. Esto sometió a mucha presión a grupos nómadas como los hunos, quienes dependían de estos escasos pastos para sostener sus rebaños.[2] La causa real del problema godo de Valente, por tanto, no vino de la periferia interna imperial, sino de un tsunami humano desencadenado en la periferia externa y más allá, lo cual –si se reflexiona acerca de ello– tiene mucho sentido.

Los imperios no solo ponen en marcha, de forma involuntaria, transformaciones políticas entre sus vecinos inmediatos, sino también en poblaciones implicadas de forma menos directa en el sistema imperial, las cuales dan respuesta activa a los peligros y oportunidades derivadas del surgimiento de una superpotencia adyacente. En el caso de Roma, esta fue causada por grupos originarios de la periferia externa europea –el mundo de los traficantes de ámbar y esclavos próximos al Báltico, no los proveedores agrícolas que residían cerca de la frontera–, que, a veces, se reorganizaban para hacerse con el control de nuevas tierras en los confines inmediatos del imperio. Así, por ejemplo, buena parte de la acción europea que impulsó la crisis romana del siglo III –la cual, como vimos en el capítulo anterior, se saldó con una erosión limitada del control imperial directo más allá de las fronteras renana y danubiana– tenía sus raíces en este preciso modelo. Tanto los godos como los alamanes, que tuvieron un papel estelar en esta acción, iniciaron el siglo III en la periferia externa de Roma y en el transcurso de la centuria se organizaron para ocupar nuevas y provechosas posiciones más cerca de la frontera del imperio.[3] Lo que siempre llamó la atención de los autores romanos fue el efecto dominó que esto generó en las incursiones al otro lado de la frontera. Sin embargo, las raíces profundas de la crisis del siglo III venían de mucho más lejos. Los grupos de la periferia interna solían ser más ricos y mejor organizados y estaban bajo control imperial, con lo que era mucho menos probable que constituyeran la causa originaria de una desestabilización importante del conjunto del sistema.

La misma dinámica desempeñó un importante papel en el desmoronamiento de la mitad occidental del sistema imperial romano entre finales de los siglos IV y V. En este caso, los sucesos de finales de la década de 370, durante los cuales se pusieron en marcha no solo los godos, sino también varios grupos del Bajo Danubio, representó el capítulo final de una crisis mucho mayor generada por la expansión de los hunos desde la estepa occidental a Europa oriental, primero, y luego a la central. Una generación después de 376, un gran número de hunos se desplazó desde los confines orientales de Europa, en Ucrania, en dirección a la gran llanura húngara, en la cara oeste de los Cárpatos; no está claro si lo hicieron por necesidad o por ambición. Esto suscitó una segunda época de intensa inestabilidad, que ahora afectó al sector del Danubio Medio de las fronteras europeas de Roma. En 405 partió de esta región una gran fuerza combinada, que marchó al sur a través de la actual Austria y entró en Italia acaudillada por un rey godo llamado Radagaiso. A finales de 406 les siguió a territorio romano una alianza de extraordinario tamaño, aunque muy laxa, formada por grupos procedentes de la misma región del Danubio Medio. Tenía cuatro componentes principales: alanos nómadas liderados por varios reyes, dos grupos separados de vándalos y un grupo mixto de suevos. Los alanos fueron durante la década de 370 los vecinos orientales de los godos, pero habían sido desplazados al oeste desde entonces; los otros eran todos residentes del centro de Europa desde hacía mucho tiempo. Este segundo contingente eligió una ruta diferente para adentrarse en territorio romano: el último día de 406 cruzó el Alto Rin y entró en la Galia. Es probable que tanto una como otra fuerza estuviera escapando de los hunos, quienes, en torno a 410, estaban firmemente establecidos en sus antiguos dominios de la gran llanura húngara.[4]

La crisis de finales del siglo IV y principios del V, al igual que la del III, fue, en esencia, una dosis de choque exógeno, con raíces en la periferia externa del sistema romano y más allá, aun cuando fueran grupos de la periferia interna los que se vieron forzados a entrar en conflicto directo con el imperio. Si antes el sistema romano disponía de reservas suficientes para hacer frente a crisis anteriores similares con apenas pequeñas pérdidas de territorio, el efecto dominó de la expansión huna causó problemas mucho más grandes. Ya no solo se trataba de que el ascenso de Persia había erosionado buena parte de las reservas a disposición de los mandatarios de Roma; en esta época, una vez los grupos bárbaros fueron desplazados a suelo romano, el propio sistema había empezado a experimentar desarreglos de una escala sin precedentes.

La primera respuesta de los emperadores romanos a la llegada de un gran número de forasteros no invitados, muchos de ellos armados y bien organizados, fue –como era de esperar– hostilidad y sospecha. Al igual que con Valente y los godos en 376, esto llevó a la confrontación militar y los esfuerzos bélicos de Roma lograron triunfos sustanciales. Aunque los godos de 376 lograron una asombrosa victoria en Adrianópolis, habían sufrido graves pérdidas en una fase previa, con la eliminación completa de los destacamentos enviados en busca de provisiones. La batalla de Adrianópolis también les costó numerosas bajas, así como los cuatro años adicionales de combates indecisos que precedieron el acuerdo de paz que negociaron con el imperio en octubre de 382. En la siguiente generación, la invasión de Italia por Radagaiso fue neutralizada con rapidez en el verano de 406. El imperio se ganó a buena parte de su élite militar con un acuerdo de incorporación al Ejército romano, a expensas de su líder –que fue ejecutado en las afueras de Florencia– y de muchos de sus infortunados compañeros de menor estatus: se vendieron tantos godos en los mercados de esclavos que los precios se desplomaron. Dar una respuesta efectiva a los vándalos y alanos que habían cruzado el Rin a finales de 406 requirió más tiempo y, para entonces, los miembros de la alianza se habían adentrado en la Hispania romana y se habían repartido entre ellos sus provincias. A mediados de la década de 410, no obstante, una serie de violentos contraataques romanos destruyó la independencia de los diversos grupos de alanos, así como la de uno de los dos grupos vándalos –los silingos–, eliminando por completo sus dinastías reales, ya fuera por captura o en batalla.

Por más sustanciales que fueran, ninguno de estos triunfos bélicos fue suficiente para neutralizar el problema planteado por los grupos de «bárbaros» desplazados y, en un aspecto importante, lo empeoró. Ante los efectivos contraataques romanos, los supervivientes de los primeros choques se reorganizaron en confederaciones más grandes y cohesionadas, que era justo lo que tenían que hacer para sobrevivir al poder militar romano. La distinción original entre tervingios y greutungos desapareció sobre suelo romano. A partir de la década de 380, los romanos se enfrentaron a una sola fuerza goda (comúnmente conocida como los visigodos), la cual, acaudillada por el rey Alarico (*ca*. 395-411) se trasladó de forma definitiva al Occidente en 408, con intención de explotar el caos generado por las invasiones de Radaigaso y de la confederación del Rin. Una vez allí, Alarico reclutó a muchos de los supervivientes de la invasión de Radaigaso, tanto los elementos de élite incorporados al Ejército romano (cuyas familias habían sido masacradas en pogromos antibárbaros), como los que habían sido vendidos en los mercados de esclavos. Los supervivientes alanos y vándalos silingos de las derrotas de 416-418 también se unieron a las órdenes de la otra dinastía regia de los vándalos –los asdingos– en la Hispania meridional, donde formaron una coalición mayor y más consolidada. En 422, esta nueva confederación ganó su propia batalla de Adrianópolis ante las murallas de Córdoba, donde derrotaron a las fuerzas romanas. La principal causa de su victoria fue que un contingente visigodo que servía con el Ejército romano cambió de bando –estaba acordado de antemano– en el momento crucial. Hacia principios de la década de 420, el efecto generalizado de esta dosis masiva de choque exógeno administrada por los hunos ya era evidente. Dos grandes confederaciones, extensas y consolidadas, compuestas en su mayoría por inmigrantes recientes de la periferia interna, se habían asentado en el suelo del Imperio romano de Occidente.

Durante las dos generaciones políticas siguientes, estas confederaciones establecieron dos de los principales Estados sucesores de la mitad occidental del Imperio romano y esto no fue ningún accidente: su existencia socavó la integridad del sistema imperial. De forma más inmediata, sus victorias liquidaron a un gran número de soldados romanos. Adrianópolis le costó al Ejército del Imperio de Oriente no menos de 10 000 muertos sobre un contingente total de 15 000 hombres (las estimaciones más extravagantes dan cifras de 20 000 sobre 30 000).[5] Un listado de efectivos del Imperio romano de Occidente, fechado justo después de la destacada victoria vándala de 422, subraya la magnitud de las pérdidas del Ejército romano de Occidente. En relación con sus efectivos de 395, no menos de dos terceras partes del contingente móvil de Occidente fue destruida durante las campañas del cuarto de siglo precedente.

Las tropas romanas bien entrenadas eran caras. No obstante, era posible reemplazar unidades completas, siempre y cuando se dispusiera de los recursos necesarios. Y Oriente sí que los tenía. Después de Adrianópolis, los godos no lograron acercarse a las regiones cruciales del Imperio de Oriente, los territorios generadores de tributo y gran densidad de población de Egipto, Asia Menor y el Creciente Fértil. El problema al que se enfrentó Occidente en sus décadas finales, después de que las confederaciones visigoda y vándalo-alana se establecieran en sus territorios a principios de la década de 420, era mucho más profundo.

La existencia de dos grandes confederaciones extranjeras en suelo romano suponía una amenaza directa para el eje fiscal-militar clave del imperio. Los campos, cosechas y ganado de las áreas atrapadas en sus conflictos periódicos con el Estado romano sufrieron daños relevantes. Una década después de la ocupación visigoda (408-410), las provincias del centro y sur de Italia seguían recibiendo una deducción tributaria del 90 por ciento, que, al parecer, era la medida fiscal aplicada a regiones agrarias afectadas por combates importantes. Las evidencias de la época sugieren que era necesario alrededor de veinte años para recuperar las pérdidas sufridas por la cabaña ganadera, equipamiento y edificios, así como para saldar las deudas e intereses de los préstamos. Otras áreas quedaban por completo fuera de la base tributaria romana si después de las campañas seguían bajo ocupación de una de las dos confederaciones. Por tanto, a principios de la década de 420, la mayor parte de Hispania no había producido rentas tributarias en casi una década, parte del sur de la Galia y la Italia central y del sur habían sufrido a causa de las intensas guerras y Britania había salido por completo del sistema imperial (por motivos que abordaremos a continuación). Esto supuso unas pérdidas tributarias notables (del 25 por ciento o más) para el Imperio de Occidente, cuyos efectos son evidentes en la citada relación de fuerzas militares de principios de la década de 420. Oriente consiguió recuperarse de sus pérdidas en Adrianópolis, pero el Imperio de Occidente ya no se lo pudo permitir. Reemplazó la gran mayoría de las pérdidas del periodo 405-422 de su ejército de campaña con la promoción de unidades de guarniciones fronterizas al estatus de ejército de campaña, aunque sin un reclutamiento «adecuado» (es decir, más caro).[6]

Aún vendrían cosas peores. En 432, la coalición vándalo-alana cruzó el estrecho de Gibraltar y, siete años más tarde, ocupó la joya de la corona romana de Occidente: sus territorios generadores de mayores rentas, en la actual Argelia y Túnez. El centro imperial ya tenía problemas para mantener sus ejércitos en la década de 420, con lo que esta pérdida volvió a precipitarla en la crisis, que amenazaba con un círculo vicioso: menos ingresos suponía menos soldados, es decir, más oportunidades para las confederaciones bárbaras de ocupar nuevos territorios romanos. El choque exógeno generado por los hunos, por tanto, amenazó el eje fundamental fiscal-militar sobre el que estaba construido todo el sistema imperial.

DIVISIÓN INTERNA

En enero de 414, se celebró una boda de esplendor inusual en la antigua ciudad romana de Narbona, en el sur de la Galia. Eran los desposorios de Gala Placidia, hermana de Honorio, emperador de Occidente, por lo que no se reparó en gastos. El senador romano Prisco Átalo –un contemporáneo más joven de nuestro viejo amigo Símaco, cuya condescendencia metropolitana le causó problemas durante su viaje a la frontera noroeste (*vid.* pág. 27)– recibió la misión de decorar el acontecimiento con versos clásicos apropiados: el epitalamio que, según marcaba la tradición, debía cantarse a la novia en su cámara nupcial. Por desgracia, el poema de Átalo no ha sobrevivido. Su contenido sería, sin duda, una lectura fascinante. Narbona –pese a sus maravillosos restos romanos, que aún hoy se conservan– no era la única cosa inusual en una boda imperial: el novio era un rey visigodo. Gala, capturada cuatro años antes, durante el saqueo visigodo de Roma, iba a convertirse en la esposa del cuñado de Alarico, Ataúlfo.

Esta boda extraordinaria formaba parte de una política calculada de acercamiento después de un ataque. Incluso el saqueo de Roma no fue lo que parecía. Las fuerzas de Alarico permanecieron en los arrabales de la ciudad durante dieciocho meses y pudieron haber entrado en ella en cualquier momento. Se habían abstenido de hacerlo porque

Alarico amenazaba a la urbe para obtener concesiones y obligar al hermano de Gala, Honorio, a llegar a un acuerdo político a largo plazo. Alarico solo dio rienda suelta a sus huestes cuando quedó claro que el emperador, dirigido por sus asesores, no estaba dispuesto a negociar de buena fe. En lo que respecta a Alarico y a Ataúlfo, el Imperio de Occidente era un elemento permanente del paisaje político y los dos aspiraban a insertar a los godos dentro de su estructura en las mejores condiciones posibles. El matrimonio de Ataúlfo sumaría sus seguidores godos a las filas (en descenso) de las unidades de campaña del Imperio de Occidente y les aseguraría ingresos regulares… Si bien permanecerían bajo su liderazgo autónomo, lo cual le convertía en una figura importante de la corte imperial. Igualmente, al igual que Alarico, nunca dudó en entrar en conflicto con el imperio para defender sus planes políticos, muy ambiciosos. Prisco Átalo ya había sido declarado en una ocasión emperador por Alarico en las afueras de Roma y Ataúlfo volvería a elevarlo a la púrpura una segunda vez en la Galia. El matrimonio del rey con Gala Placidia, además, fue ultimado sin permiso de su hermano. Su unión produjo de inmediato un hijo, al cual le dieron un nombre muy significativo: Teodosio. El primero (Teodosio I) había sido el imperial padre de Honorio, que reinó desde 379 a 395 y fundó la dinastía imperial que ahora gobernaba tanto en Oriente como en Occidente y Honorio no tenía hijos. Este niño, a pesar de su padre godo, tenía serias aspiraciones al trono de Occidente.

En última instancia, Ataúlfo calibró mal sus ambiciones imperiales. Teodosio murió siendo niño y cuando el propio Honorio halló consejeros más capaces, se vio de inmediato que el Imperio de Occidente seguía teniendo fuerzas suficientes para acorralar a la nueva confederación visigoda. Tras dos años de bloqueos económicos bien desplegados, los godos, hambrientos, aceptaron asentarse en el sudoeste de la Galia, lo cual los colocó lejos del centro italiano de la política de Occidente. El propio Ataúlfo fue asesinado por sus rivales godos una vez resultó evidente el fracaso de su estrategia de reconciliación. En el marco del mismo acuerdo, Gala Placidia fue devuelta a su hermano y las fuerzas góticas fueron enviadas a combatir a vándalos y alanos en Hispania (*vid.* pág. 94).

Aunque sus grandes designios fracasaron, el reinado de Ataúlfo reveló los primeros atisbos de una gran falla en el seno de la élite terrateniente imperial que tuvo un importante rol en la historia del derrumbe del Imperio de Occidente. La propia Gala, tal vez atraída por la posibilidad de un futuro excitante e inesperado como emperatriz consorte, parece ser que aceptó de buen grado su matrimonio.* Su destino en la vida podría haber sido ser retirada y enclaustrada en la ciudad de Roma, con el fin de impedir a nadie usarla para engendrar posibles herederos con los que acceder al poder de la corte. Prisco Átalo, por su parte, tampoco es un caso extraordinario: la historia nos ofrece numerosos ejemplos de políticos dispuestos a hacer casi cualquier cosa por el poder, por más ignominiosa que sea. Lo que es tan llamativo de las maniobras de Ataúlfo, sin embargo, es que varios miembros de la élite terrateniente de provincias estuvieran dispuestos a servir al régimen usurpador de Átalo, tanto en su episodio itálico como en el gálico posterior, pese a que dicho régimen dependía del poder militar godo, no del romano-imperial.

Existen numerosos indicios de que las nuevas confederaciones bárbaras –los visigodos de Alarico y los vándalos y alanos– pudieron reclutar parte de sus nuevos efectivos entre elementos desafectos de las clases bajas romanas, aunque no hay pruebas concluyentes. Mucho mejor documentada, y mucho más importante desde el punto de vista político, era la predisposición de ciertos miembros de la élite terrateniente romana –los descendientes de gentes como Ausonio– a unir sus destinos a las confederaciones bárbaras ahora situadas en sus territorios. Ataúlfo reclutó a algunos seguidores galorromanos en la década de 410, los vándalos llevaron con ellos al norte de África a algunos hispanorromanos de alto estatus en la década de 430 y los provinciales romano-británicos enrolaron mercenarios anglosajones del otro lado del mar del Norte (en su mayoría de lo que hoy serían Dinamarca y el norte de Alemania), en las décadas de los años veinte y treinta del siglo, con el fin de defender sus posesiones de las incursiones llegadas de Escocia e Irlanda.

---

* N. del E.: Gala, tras la muerte de Ataúlfo y su regreso a la corte imperial, fue casada con Constancio III, general designado coemperador por Honorio, a regañadientes, pues había sido el gran salvador de los embates bárbaros en la zona occidental del imperio en la década de 410 y sin el reconocimiento del emperador oriental, Teodosio II. Casó con Gala en 417 y como coemperador apenas reinó siete meses. Fruto de este matrimonio nació Valentiniano III, que sucedió a Honorio en 423, durante la regencia de Gala.

El fenómeno, sin embargo, está mejor documentado en la generación política activa alrededor de 450. De esta era tenemos una colección de cartas escrita por un aristócrata de provincias de Auvernia: un hombre llamado Sidonio Apolinar. La correspondencia de Sidonio es un catálogo de colaboraciones entre sus pares terratenientes galos y los reyes visigodos y burgundios.[7] El propio Sidonio y algunos de sus aliados más cercanos estaban dispuestos a aliarse con unos y otros, siempre y cuando sus líderes –según el ejemplo de Alarico y Ataúlfo– emplearan su poder militar para sostener la continuidad de la existencia de algún tipo de Imperio de Occidente. En 457, por ejemplo, Sidonio escribió un notable retrato del mandatario visigodo Teodorico II, en el que no le presenta como un monarca bárbaro, sino como un civilizado gobernante romano, en un momento en que Teodorico apoyaba las pretensiones (por un tiempo exitosas) del suegro* de Sidonio al vacante trono de Occidente. Insistió en que el rey vetaba en su corte los excesos con el vino y la comida, lo cual, para los romanos, era una característica propia de bárbaros. A finales de la década de 460 y principios de la siguiente, no obstante, el círculo íntimo de Sidonio organizó contingentes privados contra las incursiones del hermano menor de Teodorico, Eurico, fuerzas con las que aspiraban a seguir formando parte del menguante núcleo imperial. Por otra parte, aunque Sidonio ponía claros límites a su predisposición a colaborar, otros miembros de la élite gala lo veían de otro modo. En esas mismas fechas, algunos de sus conocidos ya eran destacados asesores de los reyes visigodos y burgundios y los animaban a expandir las fronteras de sus incipientes reinos.[8]

La predisposición de las élites romanas provinciales a unir sus destinos a los de unos líderes diferentes a los emperadores coronados refleja –aunque resulte contradictorio a primera vista– la creciente madurez política de la sociedad tardorromana de provincias. El mismo proceso que llevó a hombres como Ausonio a un primer plano al mismo tiempo creó grupos de aristócratas provinciales capaces de formular y ejecutar sus propias agendas políticas. Ya en el siglo III, cuando el ascenso de Persia hizo que una sucesión de emperadores concentrara casi toda la atención en Oriente, eso se

---

* N. del T.: Su suegro fue Avito, emperador entre julio de 455 y octubre de 456.

manifestó en la predisposición de las élites occidentales, en particular las de la Galia, a apoyar usurpadores del trono imperial que dieran prioridad a sus necesidades. Esto volvió a ocurrir en el siglo V: una vez percibieron que el centro político del Imperio de Occidente empezaba a decaer, algunos de los terratenientes provinciales occidentales se mostraron dispuestos a considerar soluciones alternativas radicales.

LA CAÍDA DE ROMA

Los estudiosos asignan diferentes grados de importancia a estos factores contribuyentes, aunque, para nuestros propósitos, el peso exacto asignado a cada uno de ellos es insignificante. El punto fundamental es que todos los debates modernos serios acerca de la caída de Roma se centran, en esencia, en esta lista de factores.

A medida que el sistema se desmoronaba, el Imperio romano quedó atrapado en una espiral descendente. La rivalidad entre superpotencias y la reafirmación de la periferia interna en desarrollo, combinada con un flujo sustancial de migración de la periferia exterior y más allá, impuso presión extra al sistema, todo esto entrelazado con enconadas divisiones políticas internas a varios niveles. Cada uno de estos componentes tenía sus líneas específicas de causa y efecto. No obstante, casi todas ellas (si dejamos de lado la falta de precipitaciones en la estepa euroasiática) fueron epifenómenos de transformaciones desencadenadas por el funcionamiento del sistema imperial romano. El restablecimiento del Imperio persa a partir del siglo III fue una reacción directa a la expansión territorial de Roma. Las nuevas coaliciones vándalo-alanas y visigodas fueron, a su vez, el producto de las transformaciones económicas y políticas a largo plazo que la dominación imperial romana obró en sus vecinos y una respuesta inmediata al contraataque militar romano. De igual modo, fue la nueva riqueza de la periferia interna lo que atrajo a grupos de la periferia externa y de más allá y los impulsó hacia territorio de Roma y esto puso de relieve los fallos en el seno del sistema romano tanto entre Oriente y Occidente, como entre el poder local y el central.

Sea cual sea el modo en que se reconstruyan las precisas interconexiones de causa y efecto, por tanto, un simple hilo conductor recorre el relato del desmoronamiento imperial romano. A medida que aumentó la capacidad de la periferia en ascenso de competir con el imperio, este tuvo que asignar más recursos tanto a anular la amenaza persa, como a preservar sus fronteras europeas. Esto incrementó su vulnerabilidad a choques exógenos desde fuera del sistema, que podría haber resistido con facilidad en etapas anteriores de su desarrollo. El ascenso de un competidor hostil en Persia impuso una problemática división del título imperial, lo cual, sumado a la repentina aparición de los hunos en oriente, acabó por inclinar la balanza en contra del imperio. En este momento, el centro imperial ya no fue capaz de proteger los intereses de algunos de sus grupos políticos clave, los cuales reorientaron sus lealtades.

En los siguientes capítulos argumentaremos por qué la presente crisis del moderno imperio occidental combina exactamente los mismos elementos móviles: choque exógeno (que incluye inmigración a gran escala) originado en la periferia exterior y más allá, una periferia interna asertiva, competición con superpotencias y una creciente tensión política interna. De qué forma exacta, y hasta qué medida, el sistema moderno –al igual que su predecesor romano– se derrumbará en el transcurso de las próximas décadas dependerá, por descontado, del efecto acumulativo de las decisiones políticas tomadas en respuesta a cada uno de tales problemas. La historia romana no solo nos permite deducir que todos estos problemas son consecuencia del funcionamiento del sistema imperial, sino que también nos puede ayudar a pensar de forma más analítica tanto las respuestas que se le están dando en la actualidad, como los resultados probables a largo plazo. Hasta el momento, el discurso político moderno solo ha movilizado el pasado romano para debatir uno de tales problemas –la inmigración–, por lo que nuestro análisis empezará por dar un vistazo mucho más minucioso a este tema de debate tan sumamente polémico.

NOTAS

1   Los bárbaros europeos derrotaron y mataron al efímero emperador Decio, pero este solo controlaba los recursos de una pequeña parte del imperio y la magnitud de su derrota no fue comparable a las que solían infligir los persas.

2   La otra posibilidad es que la llegada de los hunos fuera impulsada por una revolución política en el mundo de las estepas hacia la formación de imperios más grandes; ambas líneas explicativas no se excluyen entre sí.

3   Las contiendas del siglo II, las denominadas guerras de los marcomanos, que dieron lugar a las victorias que Marco Aurelio celebró en su columna en Roma, tuvieron orígenes similares.

4   Fue una pauta generalizada del periodo medieval –repetido por los avaros hasta el siglo VI y por los magiares en el IX– que los invasores nómadas ocuparan primero territorios al norte del mar Negro y de ahí lanzar un avance hacia el oeste, en dirección a la gran llanura húngara.

5   Sus efectos son visibles en la *Notitia Dignitatum*, un orden de batalla del ejército oriental datado en 395, en la que dieciséis unidades de infantería pesada constan como «desaparecidas», esto es, que no habían sido reformadas en las dos décadas pasadas.

6   La evidencia arqueológica sugiere que las brechas resultantes en la frontera fueron cubiertas por contratas de auxiliares bárbaros de más allá de la frontera.

7   Los burgundios se establecieron en suelo romano a finales de la década de 430, después de haber sido derrotados por los hunos; es evidente que no eran tan poderosos como la confederación visigoda.

8   Siagrio y León de Narbona asesoraban, respectivamente, a los reyes de burgundios y visigodos; el prefecto pretoriano de la Galia, un tal Arvando y un prefecto adjunto («vicario») llamado Seronato fueron condenados por traición por alentar a los reyes vecinos a incrementar el área de la Galia bajo su control.

CAPÍTULO 6

Las invasiones bárbaras

La única parte del antiguo Imperio de Occidente que experimentó el derrumbe completo de la civilización romana fue Britania. El latín, las villas, la educación, la ley escrita, el cristianismo: todos y cada uno de los elementos característicos de la cultura clásica desaparecieron al norte del canal de la Mancha, junto con todo indicio de intercambio económico complejo. En la década de 1980 existía la esperanza de que los nuevos y sofisticados métodos arqueológicos sacaran a la luz algún tipo de urbanismo posrromano pasado por alto hasta entonces. Cuarenta años más tarde, todo lo que ha aparecido ha sido una canalización de agua renovada en Saint Albans, Hertfordshire, y un puñado de agujeros de poste ligeramente convincentes en Shropshire. Cierta alfarería anglosajona del siglo IX hallada bajo las tejas del techo desmoronado del cuartel general legionario en York se debió a los agujeros escarbados por los conejos; no era indicio de que su *Praetorium* continuara en pie en 800 d. C. La desaparición de las ciudades durante las décadas posteriores al año 400 conllevó la de artesanías y manufacturas —en particular las industrias cerámicas, reemplazadas por producción manual local— y las monedas cayeron por completo en desuso. La situación llegó a ser tan desesperada que surgió incluso un mercado de piezas de vidrio reparadas.

Desde mediados del siglo XIX, los académicos se centraron en una sola explicación de toda esta destrucción: la llegada de primitivos inmigrantes anglosajones. Desde hacía mucho tiempo se sabía que el inglés, a pesar de los latinismos añadidos en su mayor parte por los normandos, es, en lo fundamental, un idioma germánico. Además, en este periodo, los filólogos victorianos llegaron a la conclusión de que casi todos los topónimos ingleses, hasta el último arroyo o accidente geográfico del paisaje, tenía raíces anglosajonas, no celtas o latinas. La primera cosecha de arqueología científica de la segunda mitad del siglo XIX identificó de forma correcta la llegada al norte del canal de la Mancha de una nueva cultura material, alrededor del siglo V. La conclusión parecía obvia: la civilización romana en Britania había sido destruida por la llegada de una masa de anglosajones procedentes del otro lado del mar del Norte, que expulsó hacia Gales, Cornualles y Bretaña a todos aquellos celtas romanizados a los que no mataron.

La Britania posrromana fue el peor escenario posible. Además, hacia finales del siglo V, en la gran mayoría del antiguo Imperio de Occidente pareció desarrollarse un guion similar. El Gobierno imperial romano fue reemplazado en todas partes por dinastías reales inmigrantes, lo cual inauguró una época conocida por un supuesto declive cultural y económico a gran escala: la denominada «Edad Oscura».

EL PRIMER BREXIT

Los recientes estudios arqueológicos y genéticos han obligado a repensar a fondo la tesis de que una masa de migrantes anglosajones desbordó demográficamente a la civilización romana. Es probable que, en el siglo V, llegaran a Britania más inmigrantes (en términos porcentuales) que a otras regiones del antiguo Occidente romano, pero las cifras no es lo importante. Hasta la década de 1950, la civilización romana al norte del canal de la Mancha fue considerada una fina capa de barniz sobre un paisaje que seguía siendo casi todo silvestre y con una población limitada. Un distinguido historiador de esta era caracterizó la conquista anglosajona como una historia de «hombres contra árboles», más que como una lucha entre inmigrantes y nativos, lo cual hace más fácil pensar que la población indígena, escasa y dispersa, fue expulsada a los márgenes geográficos por los anglosajones recién llegados. No obstante, las dos generaciones más recientes de estudiosos han dado pruebas evidentes de que esto se fundamenta en un malentendido de base. Con la intensificación de los trabajos arqueológicos, la cifra de asentamientos conocidos de época romana ha experimentado un crecimiento exponencial, hasta el punto de que se estima que la población de la Britania bajorromana llegó a su máximo nivel de la era premoderna (más de cuatro millones), cifra que solo se volvió a alcanzar en vísperas de la peste negra del siglo XIV: mil años después. La idea de que tal cantidad de personas pudiera ser expulsada a los márgenes occidentales de Britania es grotesca.

Junto con el aumento de los estudios arqueológicos, vinieron también avances extraordinarios en el análisis genético. Una parte de estos se ha malinterpretado y empleado en círculos ultranacionalistas en apoyo de la idea de que hubo (y todavía hay) una población inglesa de características genéticas identificables, cuya posición está siendo amenazada por una migración excesiva. Es el caso de una particular mutación del cromosoma Y, muy común entre los varones ingleses, un 40-50 por ciento de los cuales desciende de antepasados masculinos que eran originarios de Inglaterra antes de que la Revolución Industrial empezara a desplazar a la población del Reino Unido y de Europa. Es probable que esta mutación se originase en un grupo de pobladores del norte de Europa en algún lugar al otro lado del mar del Norte. Sin embargo, la conclusión de que esto indicaría que, durante el periodo anglosajón, tuvo lugar un reemplazo poblacional del 50 por ciento adolece de profundas deficiencias. No es posible datar la fecha de aparición de esta mutación, por lo que no es descartable que fuera compartida por los varones celtas, anglosajones y vikingos, todos los cuales participaron en diversos flujos migratorios hacia Britania desde el norte de la Europa continental. Además, incluso si pudiésemos identificar que se trata de una particularidad anglosajona (y no parece que se pueda conseguir), lo que se ha medido aquí es la distribución entre varones ingleses del siglo XXI, no su prevalencia en el momento de la migración anglosajona. Los anglosajones se convirtieron en el grupo terrateniente dominante en el sur de Britania en los siglos V y VI, lo cual significa que tenían ventajas considerables en el acceso a comida y a otras formas de riqueza. Tal y como han demostrado diversos modelos, solo es necesario que estos migrantes tengan una pequeña ventaja para transmitir sus genes –proporcionada, sin duda, por su posición social– y la distribución del 40-50 por ciento de esta mutación se puede alcanzar de forma rápida y fácil a raíz de una población inmigrante masculina que, en origen, sumaba entre un 5 y un 10 por ciento del total. Si bien esto representaría un porcentaje de inmigrantes mayor que el de ninguna otra región del continente (es improbable que godos y vándalos sumaran más del 1 por ciento de la población total de las tierras que tomaron en la región mediterránea), no supone un cambio fundamental del panorama. Se mire por donde se mire, durante los siglos V y VI un número más bien pequeño de migrantes anglosajones interactuó con una masa indígena de romano-britanos y el avance genético mayor de todos ha demostrado que no existe nada semejante a un inglés de características genéticas definidas (o un francés, o un noruego, dicho sea de paso).[1]

La verdadera explicación de la magnitud del hundimiento de la civilización romana en Britania no reside en la cantidad de migrantes que llegaron al norte del canal de la Mancha, sino en la escala de las negociaciones. En el continente, en particular tras la derrota de la expedición de Constantinopla contra los vándalos en 468, empezaron a caer de un solo golpe grandes extensiones de territorio romano bajo el control de las nuevas confederaciones ampliadas. En consecuencia, los reyes visigodos, vándalos y –más tarde– francos y ostrogodos comenzaron a negociar con un elevado número de miembros de la élite territorial romana presentes en sus recién adquiridos territorios. Esta élite, en conjunto, gozaba de poderosas bazas negociadoras: control social inmediato sobre una masa de productores agrarios, ideologías de poder y capacidad administrativa, en particular para recaudar impuestos, todo lo cual podía contribuir a estabilizar los nuevos Estados improvisados a toda prisa. En tales circunstancias, las monarquías continentales emergentes negociaron de buen grado versiones del mismo acuerdo, con el resultado de que, en muchas áreas al sur del canal de la Mancha, el orden social posimperial siguió incluyendo a numerosos terratenientes romanos, que preservaron elementos sustanciales de la civilización de Roma. Además, en algunos lugares también se mantuvo el sistema legal y fiscal romano, al menos a corto y medio plazo. El cristianismo y la cultura latina de élite sobrevivieron en calidad de rasgos definitorios permanentes de todos los reinos sucesores del continente.

Para los terratenientes romanos, esta negociación nunca fue gratis (un motivo para poner en duda que fuera voluntaria). Todos los monarcas de los Estados sucesores llegaron al poder gracias a sus huestes militares, las más importantes de las cuales –y que, sin duda, se contaban por miles entre la suma de los diversos reinos– esperaban una espléndida recompensa por las guerras que acababan de librar para alumbrar esos nuevos reinos. Estos esbirros no dudaban lo más mínimo en reemplazar a sus caudillos si el premio no estaba a la altura de sus expectativas. La tierra era la única forma seria de riqueza disponible, lo cual significaba que los soberanos de los Estados sucesores necesitaban grandes cantidades de fincas con las que satisfacer a sus partidarios. Existían reservas de tierra pública, pero estas no eran suficientes para cubrir la magnitud de la demanda, por lo que, en cada reino, los terratenientes romanos tuvieron que ceder parte de sus posesiones (como normal general, cuanto más pequeño era el reino, mayor el porcentaje). Al sacrificar parte de sus posesiones, los latifundistas romanos al sur del canal de la Mancha lograron retener una parte de su riqueza y, a la vez, transmitieron una porción significativa de su cultura a las nuevas élites bárbaras, con las que ahora convivían. Incluso los conquistadores vándalos del norte de África, cuyo nombre ha sido sinónimo de violencia irracional desde el siglo XVIII, pronto aprendieron a apreciar las villas romanas y la poesía latina. De este modo, los versos de un poeta latino instruido que se trasladara del norte de Italia a Francia en la segunda mitad del siglo VI gozarían de la misma popularidad en las cortes de los nietos de Clodoveo, tanto entre patronos de ascendencia franca como romana. La capacidad de los terratenientes romanos del continente de negociar su propia supervivencia garantizó por lo menos que el Occidente posrromano fuera latino y cristiano.

Es aquí donde la historia de Britania experimentó una divergencia fundamental en relación con el resto del Occidente romano. Los inmigrantes anglosajones «bárbaros» que se trasladaron a la Britania del siglo V lo hicieron en circunstancias del todo diferentes a las de sus pares continentales. Estos últimos entraron en suelo romano de forma involuntaria, en respuesta al choque exógeno causado por los hunos. Además, tuvieron que competir con un Estado romano occidental que todavía era una potencia militar importante en el momento en que llegaron a sus territorios, en las primeras décadas del siglo V.

En este periodo, sin embargo, Britania ya había quedado separada en parte del control romano central, pues se declaró independiente durante el extenso lapso de desorganización provocado por la llegada de Radaigaso, los vándalos y los alanos y los visigodos de Alarico (*vid.* pág. 92). Esta rebelión inicial hizo que los terratenientes provinciales romanos de Britania, muchos de los cuales seguían en sus posesiones en las primeras décadas del siglo V, fueran expulsados por completo del sistema imperial, a pesar de varias apelaciones a la restitución del control central, con lo que su vulnerabilidad era evidente. Ahora, tenían que organizar por sí mismos la defensa contra las incursiones de pillaje de Escocia e Irlanda, que se disponían a caer sobre una fácil presa, de modo que empezaron a reclutar bandas guerreras anglosajonas del otro lado del mar del Norte con las que suplementar sus efectivos. La única fuente creíble reporta que la situación comenzó a ir cuesta abajo (es probable que a principios de la década de 440) cuando tales mercenarios se dieron cuenta de que nada les impedía tomar posesión de las tierras de sus empleadores y trajeron a más bandas continentales para que se unieran a la fiesta. A consecuencia de ello, pequeños grupos de inmigrantes anglosajones, acaudillados por líderes independientes, empezaron poco a poco a desgajar bloques de territorio. En este sentido, los anglosajones representan una extensión del mismo proceso que había empoderado en el pasado a grupos de la periferia para tomar territorios imperiales entre el Rin y el Danubio, así como en la Dacia transilvana durante el siglo III.

Esto también significa que el sur de Britania jamás tuvo oportunidad de entablar negociaciones a gran escala como las que hubo en el continente, mientras que los jefes guerreros de las bandas anglosajonas nunca tuvieron motivo para unirse bajo la autoridad de un gran rey, pues no había ejércitos imperiales a los que combatir. Esto generó un proceso en el que toda la clase terrateniente romana de Britania, junto con sus valores culturales, fue barrida, una villa tras otra. En el momento en que llegó al centro romano occidental la última petición de ayuda, este ya estaba sometido a demasiada presión, pues acababa de perder el norte de África a manos de los vándalos, por lo que ya no disponía de recursos para auxiliar a los asediados terratenientes romano-británicos. Lo que provocó el hundimiento de la civilización posrromana de Britania en una Edad Oscura pagana y no latina, por tanto, no fue la migración bárbara, sino su separación voluntaria del mundo romano: el Brexit original.

MIGRACIÓN Y FIN DEL IMPERIO

Así pues, tan solo en el caso de los anglosajones las realidades de la migración de la era romana se aproximan un poco a los relatos tradicionales de bárbaros salvajes que desbordan una gran civilización. Incluso en el desenlace en el sur de Britania no todas las causas fundamentales estaban relacionadas con la violencia «bárbara». En otras regiones del Occidente romano, donde la migración fue, en gran parte, el producto indirecto del caos generado por los hunos más que por una intrusión depredadora, el proceso, aunque no carente de violencia, produjo resultados negociados que transfirieron elementos significativos de la vieja cultura imperial al nuevo orden mundial. Si bien esto no encaja con las imágenes al uso de invasiones bárbaras que tanta atención han suscitado en la actualidad, tales pautas migratorias de la era del colapso romano pueden emplearse de un modo distinto con el fin de comprender los procesos migratorios actuales que se desarrollan en y en torno al moderno Occidente.

Para empezar, es importante reconocer dos rasgos insoslayables de la migración humana. Primero, esta forma parte integral de los cálculos estratégicos de la vida de la especie. Desde que las primeras diásporas humanas se extendieron por toda África y se adentraron en otros continentes, los humanos siempre han permanecido en movimiento en busca de mejores cazaderos y tierras de cultivo. Aunque no siempre los encontraban, la ampliación de su capacidad cerebral permitió a los seres humanos usar ropa, herramientas y tecnologías de procesado de alimentos con las que adelantarse a la adaptación evolutiva física, así como prosperar en un número enorme de entornos diferentes en todo el planeta. Una de las claras conclusiones que surge del estudio comparado de la migración, por consiguiente, es que, mientras dispongan de transporte e información, y no existan estructuras políticas que impongan barreras adicionales, siempre habrá un flujo de población desde áreas más pobres a zonas más ricas. Sin embargo, en segundo lugar, la migración nunca es indolora. Para la mayoría de migrantes, dejar hogar y seres queridos y partir hacia mundos nuevos y extraños supone un esfuerzo emocional, por no mencionar todos los peligros e incertidumbres del proceso. Desde los bárbaros muertos o esclavizados de la época tardorromana, a los niños muertos arrastrados por el mar hasta las playas europeas de la actualidad, la migración nunca ha estado exenta de riesgos y sufrimiento.

Dentro de este marco general de oportunidad, necesidad y dificultad, el ciclo vital de los imperios tiende a generar ciertas pautas de movimiento específicas. En sus fases de expansión, como hemos visto, los imperios proporcionan condiciones que favorecen la migración a gran escala de varios tipos –nuevas oportunidades económicas, seguridad, rutas de transporte e incluso políticas de fomento de la migración–, con objeto de garantizar beneficios al núcleo imperial. Aunque los migrantes mejoran su vida, también lo hace el conjunto de la estructura imperial. Durante la existencia del Imperio romano, Italia exportó a numerosos individuos que ayudaron a desarrollar las nuevas provincias. No obstante, tales provincias también absorbieron mano de obra de más allá de la frontera, tanto por mecanismos voluntarios como involuntarios. En el caso del Occidente moderno, la exportación de colonos de las áreas centrales en la era de expansión fue, en teoría, similar, si bien mucho más espectacular en la práctica. Esto se debió a que la era de la expansión imperial occidental coincidió con una transformación demográfica extraordinaria, durante la cual las mejoras sanitarias y nutricionales, combinadas con elevadas tasas de natalidad, convirtieron a los europeos –en un momento histórico único– en nada menos que el 25 por ciento de la población mundial (Capítulo 2). En ese contexto demográfico, había menos necesidad de enviar mano de obra a las nuevas provincias desde más allá de los confines del sistema, aunque esto siguió ocurriendo para cubrir puestos indeseables, como evidencia el terrible fenómeno de la esclavitud.

Sin embargo, desde 1945, la pauta se ha invertido. Las potencias posimperiales, como Reino Unido, Francia y Países Bajos, abrieron sus puertas a los migrantes de sus antiguas colonias. Otros países que no tenían o habían perdido imperios, como Alemania, importaron «trabajadores invitados», lo cual significaba que esperaban que estos regresaran a su país de origen (en el caso alemán, este solía ser Turquía)* una vez completadas su vida laboral. Como es comprensible, tales «invitados» solían quedarse, dado que, para entonces, tenían familias que se sentían parte del país, por no mencionar a los equipos de fútbol nacionales, que no querían perder a sus mejores jugadores. Mientras

---

* N. del E.: En España, la eventual migración laboral a Alemania, Suiza y Francia entre 1960 y 1974 fue de alrededor de 600 000 españoles (50 000 anuales) [https://www.ine.es/expo_anuarios/1945-1975.html].

tanto, los países que siempre se habían valido de inmigración para colmar su suministro de mano de obra, como Estados Unidos, Canadá y Australia, vieron cómo las fuentes tradicionales europeas se secaban, de ahí que recurrieran cada vez más a inmigrantes llegados del mundo en vías de desarrollo.

A primera vista, si pensamos en las invasiones bárbaras del periodo tardorromano, resultaría tentador emplear la metáfora de la oleada para describir la relación entre imperio y migración y asumir que esta fluyó hacia el exterior durante la fase ascendente del imperio, seguida de un reflujo cuando este inició su declive. Semejante imagen ocupa un lugar destacado en los discursos de la extrema derecha de ciertos países occidentales, los cuales comparan la expansión de la cultura europea por todo el globo durante los días del imperio, que no tienen problema en considerar una cosa «buena», con la supuesta tendencia actual hacia un «genocidio blanco» en antiguas posesiones coloniales como Sudáfrica y Rodesia. Incluso advierten —en los más dramáticos términos—, de un posible «reemplazo blanco» en Occidente, como el de los bárbaros de antaño, que contuvieron primero el avance occidental en sus colonias y luego llevaron la batalla al viejo corazón del imperio. Parece inevitable trazar paralelismos entre los saqueadores vándalos y las ruinas dejadas por el Estado Islámico por toda la cuna de la civilización euroasiática occidental en Siria e Irak. Los inmigrantes de la actualidad son los bárbaros modernos en las puertas. Dejémoslos entrar y las consecuencias inevitables serán pérdida de riqueza y cohesión cultural, así como un incremento de la violencia: en el peor de los casos, un reemplazo poblacional. No obstante, pese a ganar cierta atención en sectores descontentos de algunos electorados occidentales, esta metáfora se basa en una falsa ecuación. Incluso si dejamos de lado sus juicios de valor, muy cuestionables, los modernos flujos de población en dirección al oeste son producto de una relación entre migración e imperio muy diferente a la que operó durante la caída del Imperio romano.

Hacia las décadas centrales del siglo XX, la explosión demográfica europea llegó a su fin. La prosperidad de Occidente posibilitó, a partir de 1945, que las estructuras estatales financiaran sistemas de bienestar de por vida, con generosas pensiones y sanidad pública. Los individuos también eran ahora mucho más ricos. En el cuarto de siglo posterior a la Segunda Guerra Mundial, los ingresos per cápita de los países occidentales crecieron una media del 4 al 6 por ciento anual, lo cual significaba que las personas veían duplicar sus ingresos más o menos cada década. A medida que la incertidumbre económica se reducía, el tamaño de las familias, en consecuencia, disminuía. Ya no había necesidad de tener muchos hijos que cuidaran de uno durante la vejez si el Estado, en particular si se suplementaba con una pensión privada, podía desempeñar esta labor con la misma efectividad. Uno podía dar por hecho que la gran mayoría de su descendencia sobreviviría. Tras la explosión demográfica de posguerra, que trajo un efímero ascenso, las tasas de natalidad de Occidente retomaron su tendencia a la baja; la segunda etapa de la denominada «transición de fertilidad» estaba ahora en pleno proceso. Desde la guerra, la media de niños por hogar en Estados Unidos se ha reducido a la mitad. Hoy, en los países desarrollados de la OCDE, solo en las familias islandesas e israelíes nacen bebés suficientes para mantener los niveles de población existentes (la ratio de reemplazo suele estar en torno a 2,1 niños por mujer). En todos los demás, la población nacida en el país se está reduciendo y de forma precipitada en los casos de Italia, Alemania, Hungría y Japón.*

Una vez que las tasas de fertilidad de la Europa occidental se redujeron de forma drástica, la mayoría de los países europeos no solo perdieron su viejo rol de proveedores de población sobrante a la economía mundial, sino que empezaron a tener problemas para cubrir su propia necesidad de trabajadores. La fuente obvia de mano de obra extra era el mundo en vías de desarrollo de la vieja periferia, porque, en las décadas posteriores a 1945, esta también había empezado a experimentar el mismo espectacular crecimiento de la población –causado por los mismos avances médicos y nutricionales– que Europa había vivido a finales del siglo XIX. Hacia mediados del XX, era el único lugar donde podían encontrarse grandes reservas de mano de obra excedente y Occidente respondió en consecuencia. Como resultado de ello, las supuestas analogías entre los flujos migratorios modernos hacia Occidente y las llamadas invasiones bárbaras de finales de la etapa tardorromana se derrumban por completo.

---

* N. del E.: Con solo 1,4 hijos por mujer, la tasa global de fecundidad en España se ha ubicado entre las más bajas de la OCDE durante las dos últimas décadas [htpps://www.oecd.org].

Las migraciones de finales del siglo IV y del V estuvieron causadas por el choque exógeno que supuso la invasión huna. El proceso que esta desencadenó en territorio romano estuvo conformado, en gran parte, por los mismos migrantes, los cuales se reorganizaron en confederaciones políticas cada vez mayores. En conjunto, este proceso migratorio –tanto sus orígenes como su desarrollo posterior– queda fuera del control romano. Por el contrario, la gran mayoría de la migración moderna a Occidente ha estado, y sigue estado, controlada por Estados receptores necesitados de mano de obra. Incluso en Estados Unidos, donde los inmigrantes son tan numerosos, los «ilegales» que han entrado en el país de forma ilícita constituyen menos del 5 por ciento de la población total.

En consecuencia, buena parte del discurso de los políticos de derechas –Nigel Farage y su recorrido por el canal de la Mancha en busca de embarcaciones de inmigrantes, Boris Johnson al citar la caída del Imperio romano como advertencia contra la inmigración incontrolada o Pat Buchanan equiparando a los inmigrantes ilegales con los godos– se basa en una falsa premisa. Nada en la precaria existencia de un jornalero sin papeles en Estados Unidos de hoy tiene la más remota semejanza con la de un guerrero vándalo que disfrutaba de la buena vida romana en el norte de África. Un «ilegal» estadounidense vive atemorizado, siempre alerta a la presencia de agentes de inmigración para poder escapar de ellos. Estigmatizados, muchos de sus hijos sufren un temor constante a ser separados de sus padres deportados. Y, aunque el inmigrante ilegal y su familia suele tener una salud mental y física mucho peor a la de su homólogo nativo, tiene limitado el acceso a la sanidad. Incluso cuando está disponible, los inmigrantes suelen abstenerse de usarla por temor a que los descubran. A pesar de todas las habladurías de bárbaros ante las puertas, el mundo moderno no ofrece el más remoto paralelismo con las confederaciones masivas, organizadas y militarizadas que forzaron su frontera y ocuparon fragmentos sustanciales de territorio romano. Después de que Hungría aprobase recientemente una ley que permitía a la policía obligar a volver a cruzar a los solicitantes de asilo sin el debido proceso, el número de personas que entraban en el país cayó en más del 75 por ciento. El Bajo Imperio romano no podía ni soñar con detener las invasiones bárbaras por medio de leyes.

Aún más fundamental es el hecho de que la relación entre migración y riqueza de la Antigüedad es muy diferente a la del caso moderno. Las migraciones masivas y organizadas de finales de la era romana tuvieron que generar elevadas pérdidas para alguien. Los migrantes godos, vándalos, anglosajones y otros competían todos por una parte del activo principal –tierra–, que solo podía obtenerse ya fuera de forma completa (como en Britania) o en parte (el continente) de sus propietarios actuales, con el efecto adicional de que –con el tiempo– privaron al centro de una parte tan importante de la base fiscal que el Estado imperial se derrumbó. Las economías modernas, por el contrario, pueden crecer de una forma que sería imposible en las eras anteriores, de modo que la riqueza de los nuevos ciudadanos no tenga que obtenerse a expensas de los ya existentes. Esto, por supuesto, es el motivo por el que, después de 1945, los ejecutivos occidentales fomentaron la inmigración. Dada la carencia de mano de obra, estimaron que la inmigración podía *expandir* el tamaño total de las bases económicas y fiscales a su disposición.

En líneas generales, esta estimación ha resultado correcta, aun cuando los estudios recientes acerca del impacto económico de la inmigración ofrecen una imagen más matizada, más sensible a su impacto desigual que la anterior celebración de sus beneficios innegables. Sin considerar otros factores, los elementos más opulentos de la sociedad occidental se han beneficiado más de la llegada de inmigrantes que la clase trabajadora tradicional. Un suministro de mano de obra inmigrante limita los sueldos, que, de otro modo, habrían crecido en un mercado laboral más restringido. De igual modo, existe mayor concienciación de las políticas necesarias para ayudar a la plena integración de los inmigrantes en la economía que los acoge: desde formación especializada a enseñanza de idiomas. No obstante, incluso si tomamos todo esto en consideración, los investigadores indican que, a pesar de las afirmaciones de ciertos políticos occidentales, la inmigración genera un beneficio neto para el conjunto de la economía. Un conocido estudio del FMI estima, por ejemplo, que, de media, cada incremento del 1 por ciento del tamaño de la población inmigrante aporta a largo plazo un incremento del 2 por ciento del PIB. Y, pese a que los políticos contrarios a la inmigración en ocasiones defienden su posición al decir que no se oponen a los inmigrantes *per se*, sino solo a los «inmigrantes malos» –con esto se refieren a los ilegales o «no cualificados», aunque, en la práctica, viene a ser lo mismo–, incluso los inmigrantes no cualificados generan más beneficios económicos que costes. En Estados Unidos, por ejemplo, los inmigrantes ilegales comprenden un porcentaje superior de la fuerza laboral en el conjunto de la población, lo cual sugiere que un número desproporcionado de ellos participa activamente en la economía productiva.

Desde 1945, por tanto, los inmigrantes han llegado a desempeñar un rol vital en el sostenimiento de lo que queda del dinamismo económico de Occidente. No obstante, esto no constituye el núcleo de la contribución de los inmigrantes a la vida de Occidente. De un modo diferente y más inmediato, en la actualidad sostienen las vidas de los occidentales. Con el fin de comprender el porqué, debemos volver a las consecuencias del incremento de la riqueza occidental y de la transición de fertilidad en relación con el tamaño medio de las familias.

La prosperidad sin precedentes que inundó Occidente después de 1945 generó de inmediato una paradoja. Aceleró la transición a familias más pequeñas, al tiempo que incrementó de forma espectacular la esperanza de vida. Tras la contienda, el estadounidense medio vivía hasta los 67 años; hoy, llega a los 79. Sin embargo, esta mejora resulta menor en comparación con la de Italia, donde la esperanza de vida pasó de los 60 a los 83 años en el mismo periodo, mientras que en Japón cada persona, de media, añadió nada menos que 32 años a su esperanza vital de 52. Todo esto es un logro maravilloso en muchos aspectos. Una vida más prolongada, saludable y pudiente con más tiempo libre es algo muy positivo. Pero tiene la desventaja de que reduce el porcentaje de población activa presente en todo momento en la fuerza laboral.

En 1960, los pensionistas constituían una décima parte de la población de Japón. En la actualidad suman casi un tercio. El ascenso en Estados Unidos y en el Reino Unido, aunque no tan apabullante –de cerca de un 10 por ciento a porcentajes del 15 y del 18, respectivamente–, no deja de ser relevante. En 1960, cada japonés que participaba de forma activa en la economía mantenía a otra persona; la mayoría niños que pronto entrarían en la fuerza laboral. Hoy, cada trabajador debe mantener a dos personas y la mayoría de estas son jubilados. De este modo, la riqueza y sus efectos han propiciado enormes brechas en la fuerza laboral de Occidente, que la inmigración, también en este caso, ha servido para cubrir.

En ciertos sectores de la economía, esta dependencia se ha hecho muy intensa. Con una vida más larga llegó una incidencia mucho mayor de enfermedades crónicas asociadas al envejecimiento: diabetes, artrosis, Parkinson, demencia, etc., etc. En Reino Unido, Nigel Farage hizo carrera achacando el incremento del coste del Servicio Nacional de Salud británico [National Health Service, NHS] a la demanda excesiva generada por los inmigrantes. Tiene razón en que las salas de los hospitales del Reino Unido están llenas de extranjeros… ¡Porque la mayoría de ellos son profesionales sanitarios! Más de un tercio de los doctores que trabajan para el NHS procede del extranjero, lo cual es más o menos la media de toda la OCDE.* Esto, por supuesto, tiene un reverso problemático para el mundo en desarrollo: una quinta parte de los doctores que se gradúan en las facultades de medicina africanas acaba trabajando en el extranjero.

No es el influjo de extranjeros lo que está sometiendo a mayor presión a los Estados del bienestar de Occidente, por tanto, sino las consecuencias de su propia prosperidad de posguerra, que ha incrementado la esperanza de vida y provocado un aumento masivo del porcentaje de dependientes. Contratar doctores y enfermeras formados en el extranjero no solo ha evitado que numerosos sistemas públicos colapsen –los de Australia y Canadá dejarían de funcionar sin ellos–, sino que ha delegado a otros países gran parte del coste de producir personal sanitario, lo que ha supuesto para los contribuyentes occidentales ahorrar cuantiosas sumas de dinero, dado que formar a un especialista de la salud cuesta más de 300 000 dólares. Si a esto se suman los migrantes, tanto a largo como a corto plazo, que cumplen roles vitales en toda la economía, desde cosechar fruta a dirigir empresas, resulta imposible sobrestimar el papel económico que tiene en la actualidad para hacer que Occidente siga teniendo la vida a la que está acostumbrado. Como resultado, tanto ahora como en un futuro previsible, la cuestión de la migración presenta a los gobiernos de Occidente una ecuación coste-beneficio en todo punto diferente a la de sus predecesores tardorromanos.

---

* N. del E.: Un total de 7199 profesionales sanitarios españoles trabajaba al cierre del año 2021 en el Sistema Nacional de Salud (National Health Service) del Reino Unido. [https://www.nhs.uk/].

¡CONSTRUYAN UN MURO!

Importantes sectores de varios electorados occidentales se han vuelto hostiles hacia la inmigración. Preocupados por empleos, ingresos y cohesión cultural, su temor se ve atizado por la visión de ingobernables campamentos de migrantes en las fronteras y estallidos ocasionales de terror islamista en las ciudades occidentales. Esta antipatía ha cobrado fuerza suficiente para lograr llamativos éxitos electorales –Brexit, Trump, la extrema derecha germana del AfD, Viktor Orbán, entre otros–, que ha llevado a cada vez más políticos moderados a buscar la forma de hacer que sus países dependan menos de los trabajadores extranjeros. No obstante, en una era de envejecimiento poblacional y aumento de las ratios de dependencia, toda reducción notable de inmigración tendrá consecuencias en la prosperidad económica. Después de que el Brexit impusiera límites a la migración desde el continente europeo, Reino Unido empezó a sufrir escasez crónica de mano de obra, que incrementó costes y perjudicó el suministro, como descubrieron de inmediato las personas que trataban de hacer reformas en casa o esperaban el equipaje en los aeropuertos.

En un extremo del espectro de posibles opciones políticas, los países occidentales pueden simplemente optar por cerrar la puerta a la inmigración futura, con el fin de preservar el *statu quo* sociopolítico y cultural. El Japón actual ha seguido esta ruta: ha constreñido la inmigración a estrictos límites que hacen muy difícil a los trabajadores extranjeros obtener un permiso de residencia de larga duración, o llevar a la familia a Japón. Sin embargo, el precio ha sido alto. El crecimiento económico de Japón se detuvo en seco a principios de la década de 1990 y apenas ha progresado desde entonces, a medida que la población envejece y aumenta la presión sobre los servicios públicos. Las políticas de inmigración altamente restrictivas son el motivo clave por el que el número de jubilados nipones sostenidos por la población trabajadora ha aumentado más allá de los niveles conocidos en el mundo desarrollado, hasta el punto de que hoy –con un 30 por ciento de la población jubilada– más de la mitad de cada yen obtenido vía impuestos lo consume el presupuesto de la seguridad social. Esto hace que el Gobierno deba pedir cuantiosos préstamos para pagar todo lo demás, desde los salarios de los maestros a la recogida de basuras.

Detener por completo la migración, por tanto, parece ser la fórmula ideal para el declive económico absoluto (además de experimentos con robots para atender a los ancianos). La celebrada cohesión social y baja tasa de criminalidad de Japón demuestra que este modelo tiene otros beneficios potenciales, pero también un precio elevado e incluso el país ha empezado a importar trabajadores para las residencias de ancianos y la apertura de opciones legales para que los inmigrantes puedan obtener un estatus permanente.

Por tanto, una segunda opción, más habitual, ha sido mantener la migración dentro de límites más amplios, aunque sin dejar de estar controlada, y, a ser posible, favorecer países de origen con un perfil étnico y cultural similar al del país receptor: de aquí la célebre preferencia de Donald Trump por migrantes de Noruega sobre los procedentes de los *shithole countries* [«países de mierda»] de África. No obstante, no es realista esperar una inmigración a gran escala desde otros países desarrollados, pues casi todos los países de la OCDE han experimentado la misma transición de fertilidad y no existen suficientes diferencias entre sus perspectivas económicas para impulsar a un gran número de inmigrantes a asumir los costes personales y culturales de la relocalización. En realidad, la migración sustancial solo puede venir de las regiones de la periferia donde la primera etapa de la transición de fertilidad se ha iniciado, esto es, allí donde sobreviven muchos más niños, aunque el tamaño de las familias apenas ha empezado a ajustarse a la baja en respuesta.

Otra de las soluciones propuestas son los regímenes de migración «basados en necesidad», en los cuales las naciones desarrolladas permiten la entrada de migrantes revisados con todo cuidado para ocupar puestos cualificados concretos: una política que (en teoría) no provoca descensos salariales ni tensiona los sistemas de seguridad social. Ciertos políticos nacionalistas emplean esta idea como sucedáneo de una reducción general de la migración, si bien toda aplicación pragmática de esta política no supondría, en absoluto, una reducción de la inmigración. Si Reino Unido empleara un sistema como el de Canadá o Australia, basado en el pragmatismo económico, en realidad, tendría que incrementar la entrada de inmigrantes. Canadá, que emplea una política de inmigración bastante selectiva con el objetivo de mantener el equilibrio entre su fuerza laboral y sus ratios de dependencia, suele importar cada año alrededor de un 1 por ciento de su población total. Si se aplicara a Reino Unido, que tiene dos veces más población que Canadá, esto supondría 650 000 inmigrantes anuales. Es más, como evidenció la crisis del COVID-19, los trabajadores «esenciales» son muy importantes; muchos miembros vitales de la fuerza laboral no están muy cualificados y, pese a ello vienen del extranjero. En consecuencia, una política basada en cálculos racionales y no en aliviar los temores del electorado debe reservar una cantidad adecuada para cubrir la falta de mano de obra no cualificada. Esto se vio con claridad en el momento en que el Gobierno británico, después de años de demonizar a los migrantes del este de Europa, tuvo que implorarles que volvieran después de que todos hubieran regresado a su país en plena pandemia de coronavirus, lo cual dejó sin recoger las cosechas británicas. Por tanto, tratar de dar una solución «racional» a la falta de mano de obra y ratios desfavorables de dependencia podría no generar el resultado que tenían en mente muchos partidarios del Brexit cuando votaron «recuperar el control». Puede que dejar la Unión Europea (UE) ralentice la migración del centro y este de Europa, pero también es probable que, con el tiempo, esta sea reemplazada por flujos equivalentes, o aún más grandes, llegados de regiones menos desarrolladas de África, Asia o Sudamérica.

Si las grandes invasiones «bárbaras» del periodo tardorromano no nos proporcionan ninguna analogía para la inmigración actual hacia el moderno Occidente, sí que pueden servir de efectivo contraargumento con el que comprender por qué no sirven. El Bajo Imperio romano fue testigo de un tipo particular de migración que pronto se convirtió en una pugna armada por el control de un conjunto fijo de bienes inmuebles. La inmigración a Occidente desde 1945, en marcado contraste, ha generado muchos más beneficios económicos que pérdidas para los países receptores y el beneficio total no ha hecho sino aumentar a medida que las poblaciones occidentales nativas envejecen y las ratios de dependencia aumentan. Al igual que Japón, los países siempre pueden optar por controles de inmigración muy estrictos por razones culturales y políticas, pero estas provocarán a largo plazo estándares de vida más bajos, en un contexto de envejecimiento poblacional y estancamiento de la productividad. La migración no deja de tener costes, ni para los inmigrantes, ni para las sociedades que los acogen, o para los países que abandonan, pero, como mínimo, los políticos necesitan ser mucho más honestos con respecto a las contrapartidas y es probable que obtuvieran mejores resultados si, al menos de vez en cuando, mencionaran la mayor historia migratoria de los tiempos modernos.

En los últimos cien años, ha tenido lugar el mayor desplazamiento de personas jamás conocido, pero solo una pequeña fracción de este se ha dirigido a Occidente. Los ciudadanos del mundo en desarrollo han dejado su hogar rural en cantidades realmente impactantes, a una escala muy superior a la de las mayores invasiones «bárbaras» de la Antigüedad, aunque la inmensa mayoría ha acabado en ciudades costeras y fluviales próximas. En el espacio de unas pocas décadas, lugares como Shenzhen, São Paulo, Lagos, Bombay y centenares de otras urbes pasaron de ser avanzadas coloniales a metrópolis mareantes. Es este movimiento de personas, a muchos miles de millas de las fronteras occidentales, en vez de la llegada al envejecido Occidente de trabajadores muy necesarios para su fuerza laboral en declive, lo que plantea el verdadero desafío migratorio a la continuidad de la prosperidad e influencia global de Occidente.

NOTAS

1   En lo que respecta a su ADN, toda persona de ascendencia europea es el producto (en ratios más o menos diferentes según el lugar) de la combinación de tres grupos diferentes del pasado remoto: los cazadores-recolectores que repoblaron el continente después de la última era glacial; una inmigración de agricultores de Oriente Medio que se expandió por el territorio alrededor de 4000 a. C.; y una oleada poblacional que llegó desde la estepa de Eurasia unos mil años después.

CAPÍTULO 7

El poder y la periferia

El año 1999, momento del triunfal discurso del estado de la Unión de Bill Clinton, prometía ser un gran año para el presidente. Recién exonerado de un proceso de *impeachment*, volando en los sondeos gracias al auge económico y a un mercado de valores disparado, aspiraba a rematar 1999 con un final a la altura: acoger la última de una larga serie de conferencias económicas globales en Seattle, donde podría celebrar la expansión del modelo occidental por todo el mundo.

Durante el medio siglo posterior a 1945, los ejecutivos occidentales dirigieron la agenda del comercio global, conforme al modelo diseñado en la conferencia de Bretton Woods. El método habitual, en el GATT o en su sucesora, la OMC [Organización Mundial del Comercio], era que un grupo de países ricos cerrase un acuerdo y que, luego, lo presentaran como un hecho consumado a todos los demás. Hacia 1999, los países en vías de desarrollo aspiraban desde hacía tiempo a un puesto adecuado en la mesa y a la oportunidad de introducir en la agenda de debates cuestiones que Estados Unidos insistía en excluir: el principal de todos, la negativa absoluta de los países desarrollados a abrir sus mercados agrícolas. Por desgracia para Clinton, fue durante esta cumbre cuando las cosas empezaron a salirse del guion. Poco después de su inauguración, las protestas callejeras, que congregaron a todo tipo de elementos, desde sindicatos a ecologistas, aislaron Seattle. Mientras tanto, una coalición de países en desarrollo, encabezada por pesos pesados como India y México, adoptó una posición unida contra los intentos de Clinton de aplicar el rodillo e imponer un acuerdo que, una vez más, ignoraba casi todas sus peticiones. Muchos de ellos aún pugnaban por superar las medidas de austeridad impuestas por Estados Unidos a cambio de ayudarlos durante la crisis financiera de 1997-1998. Ante las furiosas protestas, la policía declaró el estado de emergencia y la Guardia Nacional entró en la ciudad, mientras el debate se estancaba en las salas de conferencias. Clinton declaró que no podía ir más lejos.

En lugar de lanzar una invasión, la moderna periferia empleó la diplomacia para disparar un cañonazo de advertencia al imperio occidental encabezado por Estados Unidos. Por primera vez en cincuenta años de conferencias comerciales, el centro imperial se había detenido en seco. ¿Qué había cambiado?

GLOBALIZACIÓN

Aunque el efecto principal del auge global de posguerra fue elevar los estándares de vida de Occidente, también incrementó la demanda de materias primas producidas en las economías menos desarrolladas de las antiguas colonias europeas. El crecimiento económico resultante no impidió que la mayor parte de los países del tercer mundo quedara aún más postergada con respecto a Occidente, porque la mayoría de los nuevos Estados independientes adoptó estrategias de desarrollo proteccionistas y orientadas al interior, dirigidas a producir sustitutivos de manufactura local de los bienes industriales occidentales que habían importado de la era colonial. Diseñadas para reforzar la independencia política con la independencia económica, tales estrategias tuvieron el efecto paradójico de consolidar el subdesarrollo de la periferia poscolonial. Las nuevas industrias locales seguían dependiendo de tecnología y maquinaria occidental importada, por lo que esta política, sin quererlo, perpetuó las viejas pautas económicas: exportar bienes primarios –desde alimentos a las materias primas empleadas en las fábricas occidentales– y usar los beneficios para adquirir bienes industriales del Oeste.

Hacia la década de 1970, el orden de posguerra empezó a embarrancar. La rápida expansión que solía seguir a la independencia, en la que los países emergentes aprovechaban el auge de la demanda de sus recursos primarios para construir sus sectores fabriles, dejó de generar niveles elevados de crecimiento una vez que el modelo de sustitución de importaciones alcanzó sus límites naturales. Una vez saturados los mercados nacionales, la única opción para las nuevas industrias era hacer como los sectores de bienes primarios y tratar de exportar. Sin embargo, muchas de estas fábricas habían sido equipadas con maquinaria de segunda mano occidental, cada vez más anticuada, con lo que, sin tener acceso a nueva tecnología, y a las inversiones de capital con las que adquirirla, tenían difícil competir en los mercados de la economía mundial.

En Occidente, el crecimiento acelerado de posguerra también empezó a apagarse. Hacia finales de la década de 1960, la inflación, dormida desde 1945, comenzó a subir y se aceleró hasta alcanzar terroríficas cifras de dos dígitos, ayudada, en parte, por los dos impactos petrolíferos de la década de 1970. La OPEP (Organización de Países Exportadores de Petróleo) organizó una coalición de lo que, por aquel entonces, eran países de la periferia para controlar el flujo de petróleo a la economía mundial, lo cual multiplicó por cuatro el precio del barril y, por tanto, extrajo mucho más dinero de los países occidentales. En Occidente, esto ocurrió en el momento en que empezaba a declinar el crecimiento de la productividad laboral y el tamaño proporcional de la fuerza laboral en activo (*vid.* págs. 111-112). Ambos hechos ejercieron presión sobre los costes laborales. El resultado final fue la estanflación, un escenario de pesadilla de escaso crecimiento y elevada inflación que le quitó el sueño a numerosos políticos de la década de 1970, desde el primer ministro británico James Callaghan al presidente estadounidense Jimmy Carter. Hacia principios de la década de 1980, las economías occidentales se hundieron en la recesión: los precios subían mes tras mes y los tipos de interés de las hipotecas se dispararon al 20 por ciento. Los occidentales tenían que gastar más, pero ganaban menos, lo que daba lugar a que a los gobiernos les resultara cada vez más problemático financiar sus programas de atención social de por vida.

Tras una serie de iniciativas fracasadas, subsidios estatales y nacionalizaciones ineficientes, una masa crítica de políticos occidentales empezó a tantear una solución más radical, producto del consenso entre los llamados economistas neoliberales, como Milton Friedman y Friedrich Hayek. Ambos proponían abandonar el modelo dominante de gestión económica keynesiana, recortar el gasto público y reemplazarlo por un sistema basado en un mercado hiperlibre, que animara a los emprendedores a conquistar el mundo. Desde la guerra, los cambios tecnológicos se habían aunado para aligerar la producción y reducir el impacto de las distancias sobre los precios. En las eras industriales del pasado, las fábricas tenían que localizar sus operaciones cerca de la fuente de sus materias primas básicas y de sus principales mercados con el fin de limitar el elevado coste del transporte. No obstante, con la miniaturización de componentes y la llegada de los plásticos –que, por ejemplo, nos permitió decir adiós a los televisores de mediados de siglo, armatostes de carcasa de madera repletos de voluminosas piezas de metal y vidrio– era posible introducir mucho más valor en un único envío. Además, el coste del transporte también descendió. La invención del contenedor –grandes cajas de acero llenadas y selladas en origen, que continuaban así hasta llegar a su destino– significaba que había muchas menos «pérdidas» (dado que los bienes ya no se manipulaban, nada podía «caerse de la caja del camión») y, además, el proceso requería mucha menos mano de obra. En lugar del ejército de estibadores necesario para cargar y descargar en cada nudo de una red comercial, de camión a tren, de tren a barco y a la inversa en destino, bastaba un solo operario de grúa para traspasar contenedores enteros de un modo a otro de transporte. Finalmente, los avances de la tecnología de comunicaciones, empezando por el fax y más tarde internet, hizo posible seguir en tiempo real las operaciones de un proveedor extranjero, lo cual permitió a las compañías trasladar más y más operaciones a lugares cada vez más distantes.

Sin embargo, para que los negocios pudieran aprovechar a fondo esta nueva era de posibilidades impulsadas por la tecnología, primero tenían que suprimir las barreras y normativas que limitaban las operaciones en el extranjero. Y es aquí donde se implicaron los políticos. Desde finales de la década de 1970, primero con la elección de Margaret Thatcher y Ronald Reagan, los ejecutivos occidentales empezaron a eliminar controles de capital –que regulaban el flujo intrafronterizo de efectivo– y a suprimir impuestos, al tiempo que presionaban con su influencia diplomática y financiera a los países en desarrollo para que abrieran sus mercados internos a la inversión y al comercio exterior. Los programas de asistencia del Banco Mundial y del FMI a países en desarrollo empezaron ahora a añadir las denominadas cláusulas «condicionales». A cambio de apoyo financiero, los gobiernos receptores debían reducir las barreras al comercio, privatizar compañías estatales o desregular los mercados, lo que, de este modo, abría sus economías a empresas e inversores extranjeros.

Occidente estaba empujando una puerta que ya estaba abierta. En la periferia global, los gobiernos buscaban nuevas formas de cubrir la demanda de puestos de trabajo, vivienda y servicios de sus poblaciones en crecimiento, ahora que la sustitución de importaciones había alcanzado el límite. En esa época, una clase de negocios nacional, que tras la independencia solicitó a sus gobiernos que los protegieran de la competencia extranjera, empezó a ganar confianza. Familias como los Tata de la India, que en las décadas de 1950 y 1960 se conformaban con protegerse en las faldas del Estado mientras construían sus empresas, estaban ahora preparadas para competir en el escenario mundial. En particular, querían tener acceso a divisas extranjeras, suministros más baratos y nuevos mercados, todo lo cual requería reducir el control del sector público. La élite de negocios halló aliados en los pasillos de poder para este nuevo enfoque, entre políticos que buscaban atraer nuevos partidarios y funcionarios que aspiraban a dar un giro a la situación. Desde México a Mozambique, una generación de independencia había producido una élite de empleados públicos profesionales y tecnócratas, muchos formados en universidades occidentales, dispuesta a experimentar con nuevos métodos de gestión económica que abogaban por un control estatal mucho más indirecto sobre la asignación de recursos.

Además, tenían un ejemplo impresionante al que imitar. Después de la guerra, enfrentado a la amenaza soviética y, tras la ocupación comunista de la China continental en 1949, a un bloque comunista que parecía en ascenso, Occidente, dirigido por Estados Unidos, trató de crear un contrapeso regional. Emplearon su política comercial para facilitar el crecimiento económico de Japón y de los cuatro «tigres asiáticos»: Corea del Sur, Taiwán, Singapur y Hong Kong (por aquel entonces una posesión prestada por China al Reino Unido). Por motivos políticos, a estos Estados se les permitió acometer prácticas comerciales «desleales», pues protegían sus industrias de la competencia exterior al tiempo que gozaban de un acceso sin demasiadas trabas a los mercados occidentales. Estos países rechazaron el modelo de sustitución de importaciones y recurrieron a lo que se llegó a conocer como el método del «Estado desarrollador» de crecimiento. Al tiempo que protegían unas pocas industrias exportadoras clave, como automóviles y electrónica, abrieron el resto de sus economías a las importaciones. Los resultados fueron espectaculares. En un momento dado, la economía surcoreana duplicaba su tamaño cada seis años (resulta fácil olvidar que, hasta la década de 1970, el norte comunista era la más rica de las dos Coreas). Esto satisfizo a los países occidentales, ya que ahora tenían mercados en expansión a los que vender, por no hablar de la nueva prosperidad de las poblaciones de naciones amigas.

Todo parecía encajar. Los gobiernos occidentales permitían dar rienda suelta al capital por todo el planeta y sus homólogos del mundo en desarrollo estaban listos para facilitar a las compañías extranjeras, en su mayoría occidentales, el uso de los trabajadores para ensamblar piezas importadas y convertirlas en bienes acabados para su reexportación. Esto se logró estableciendo sucursales en el extranjero o contratando a negocios locales como los Tata. El elemento final que sostuvo la explosión económica consiguiente fue el fenómeno con el que concluimos el capítulo anterior: la mayor migración humana que el mundo jamás haya conocido.

En las décadas posteriores a 1945, numerosas grandes ciudades de la periferia fueron anegadas por una marea de migrantes rurales, que llegaron en busca de las oportunidades que prometía la independencia. Este flujo, que empequeñeció del todo al que se dirigió a Occidente, hizo que, cuando la marea de la globalización se puso en marcha, numerosas urbes (en su mayoría costeras) del mundo en vías de desarrollo estuvieran repletas de centenares de millones de migrantes del campo. Vinieron en busca de trabajo en el naciente sector industrial del país, pero la sustitución de importaciones generó un empleo limitado, por lo que pocos disfrutaron del éxito. Lo que sí que recibieron, no obstante, fue una educación básica, dado que los ejecutivos poscoloniales invirtieron mucho en escuelas y universidades. Una vez Occidente se desreguló, los países en desarrollo pudieron ofrecer a sus compañías el acceso a enormes reservas de mano de obra alfabetizada y dotada de habilidades básicas, a un coste muy inferior al de sus homólogos occidentales: el mismo trabajo hecho, a veces, por una quinta parte del precio.

La globalización neoliberal de la era Reagan-Thatcher abrió este abundante mercado laboral a las empresas occidentales. Las compañías empezaron a trasladar al tercer mundo procesos de montaje que requerían gran cantidad de mano de obra, como la confección de textiles, o la producción de piezas de automóviles, mientras que conservaban en la metrópoli los puestos de trabajo más cualificados, como diseño, ingeniería y dirección de empresas. Con el tiempo, la visión neoliberal del mundo fue más allá de los partidos conservadores de Occidente y empezó a ganar considerable aceptación entre la izquierda. Ya fuera con la «tercera vía» de Bill Clinton o Tony Blair, con el «nuevo centro» de las reformas económicas de Hartz en la Alemania de principios de este siglo –que trataban de «animar» a los desempleados a trabajar mediante una reducción de sus subsidios– o, en fechas más recientes, con el programa de reformas de Emmanuel Macron en Francia, con recortes impositivos y cambios en la legislación laboral, el keynesianismo fue reemplazado como la doctrina económica dominante de Occidente. En lugar de un Estado benevolente que trataba de gestionar la economía de forma que tanto negocios como ciudadanos prosperasen, ahora todo quedó en manos del libre mercado, en el cual el «autointerés ilustrado» genera resultados beneficiosos para la sociedad. Un elemento clave del modelo neoliberal fue un énfasis renovado en la educación, la idea de que los que se quedaron sin empleo en Occidente a causa del desmoronamiento de la vieja industria podían adquirir competencias nuevas y más vendibles: el cliché de los mineros de carbón que aprenden a programar código. Y, dado que la mayor parte del mundo en vías de desarrollo ya estaba abierta a principios de la década de 1990, todo el proceso industrial que dio a Occidente un dominio tan completo fue reorganizado a escala global y a una velocidad vertiginosa. Los inversores privados occidentales, entre los que se incluían enormes actores institucionales como los grandes fondos de pensiones surgidos en el periodo de posguerra, necesitaban dividendos mayores para cumplir las promesas hechas a sus clientes, con lo que proporcionaron de buena gana el capital necesario para avanzar el proceso.

A corto plazo, estas maniobras revolucionarias cumplieron el efecto deseado de restablecer los beneficios de las empresas de Occidente y, en consecuencia, de potenciar los dividendos accionariales y las rentas tributarias. Esto permitió a los gobiernos occidentales mantener, e incluso expandir, el gasto social si así lo decidían. La liberalización del comercio y la externalización de la producción también permitieron a los políticos que no podían subir los sueldos mantener baja la inflación, dado que ahora todo el mundo podía adquirir importaciones asiáticas más baratas en lugar de caros productos de fabricación nacional. En la práctica, la lógica económica en las que se basaban las pautas del moderno comercio global evolucionó hasta convertirse en un reflejo inverso de sus predecesoras romanas de la Antigüedad. En el mundo romano, los costes de transporte lo eran todo y la mano de obra era barata, por lo que los bienes se producían lo más cerca posible del punto de consumo. En esta era de globalización, los costes del transporte son mínimos –todos esos enormes portacontenedores tripulados por unos pocos ordenadores y dos docenas de personas–, con lo que el valor principal es el coste del trabajo. En consecuencia, los bienes se fabrican allí donde la mano de obra es barata y después se transportan al resto del planeta. En sus primeros años, y en particular en la década de 1990, este nuevo orden internacional parecía funcionar para todo el mundo. El tercer mundo prosperó y las bolsas de valores de Occidente se dispararon.

No todas las sociedades periféricas se beneficiaron. En algunos casos, la codicia de los políticos se impuso. La riqueza de Zaire (en la actualidad la República Democrática del Congo) fue saqueada durante más de treinta años por su longevo líder, Mobutu Sese Seko, mientras que la Venezuela de Nicolás Maduro ofrece al mundo un ejemplo de manual de cómo no dirigir una economía, ahogar el crecimiento y disparar la inflación, con la escasez crónica resultante. Incluso en aquellos países que se beneficiaban de un mejor liderazgo, el paternalismo característico de la era de sustitución de importaciones pronto dejó paso a sistemas sociales más competitivos y menos seguros, en las que la población se las tenía que arreglar por su cuenta. De todos modos, allí donde el mundo en desarrollo daba una respuesta positiva a las nuevas oportunidades, el crecimiento económico se aceleró, con la creación de nuevos negocios y oportunidades de empleo. Si antes se daba por hecho que el crecimiento más lento de la periferia era un trastorno crónico, y que estas sociedades se mantendrían pobres para siempre en comparación con las de sus amos imperiales, ahora empezó a surgir una nueva visión. Era evidente que si el crecimiento de la periferia fue más lento, fue solo porque había comenzado más tarde. Durante las décadas de 1980 y 1990, numerosos países en desarrollo se lanzaron a comerciar cada vez más con el mundo exterior (el incremento fue espectacular en países como Corea del Sur y la India) y en las sociedades de crecimiento más rápido la base de los beneficios fue lo bastante generalizada como para crear una nueva clase media de consumidores globales.

Bajo la superficie, sin embargo, esta marea creciente de prosperidad periférica provocó un cambio decisivo en la dominación global de Occidente, de un modo muy similar a como la expansión económica y demográfica del norte de Europa terminó por minar el antiguo equilibrio de poder en el que se basó el ascenso de Roma. En el siglo anterior y en el posterior al nacimiento de Cristo, la base de recursos del Mediterráneo bastó para permitir a Roma conquistar enormes territorios por todo el norte de Europa. Con todo, una vez se desarrollaron por completo, los recursos del norte permitieron a la periferia imperial plantar cara a la dominación del centro, primero, y luego dominar el Mediterráneo desde su nueva posición. De un modo similar, aunque operando al ritmo mucho más veloz del desarrollo industrial, no del agrícola, el sistema de Bretton Woods, que tan poderosamente sirvió a los intereses occidentales desde 1945, fue elaborado en un momento de fortaleza estadounidense sin precedentes. Después de 1980, el nuevo peso económico de la periferia empezó a alterar este equilibrio de poder de formas sutiles, pero significativas. Varios países en desarrollo, entre ellos la India, Brasil, Pakistán y México, empezaron a posicionarse de forma más efectiva para ejercer mayor influencia y construir alianzas en las conferencias internacionales. No solo eran más capaces y estaban más comprometidos para obtener mejores acuerdos para sí mismos y para otros países en desarrollo, sino que, cada vez más, contaban con importantes bazas negociadoras: el acceso a sus mercados, que los países occidentales buscaban con tanto interés.

En vista de estas trayectorias de desarrollo, solo era cuestión de tiempo que los gobiernos de países en desarrollo convirtieran su mayor poder económico y sofisticación gubernamental en una mayor influencia política. Aquella tarde de otoño, salieron a las calles de Seattle multitud de grupos de la sociedad civil occidental a protestar en masa contra las iniquidades y desigualdades de la globalización neoliberal en sus propias sociedades. Sin embargo, la verdadera acción estaba teniendo lugar de puertas adentro, en la sala de conferencias. Allí, mientras el gas lacrimógeno sofocaba las calles, una naciente coalición de países en desarrollo, alienada por los acuerdos a puerta cerrada bajo dirección estadounidense, clausuró la cumbre de la OMC de 1999 con una negativa a pactar. Cuando dos años más tarde, la conferencia fue reemprendida en Doha, donde la coalición cambió por completo la agenda del día y dedicó mucha mayor atención a los intereses de los países en desarrollo. El orden global creado en 1945 para mantener la dominación occidental en una era de descolonización oficial había sufrido un golpe fatal.

Sin embargo, al igual que ocurrió en la Antigua Roma, el mayor problema de Occidente no era una periferia interna más asertiva y vocal. En el pasado remoto, el ascenso del norte durante el primer milenio cambió para siempre el equilibrio europeo de poder, pues, a largo plazo, hizo que un imperio de base mediterránea ya no fuera viable. La infiltración anglosajona en la Britania meridional y la expansión de los francos al oeste del Rin constituyeron, como ya hemos visto, una parte más bien pequeña del relato del colapso del Imperio romano. Mucho más importante fue la presión de los hunos de la periferia externa que provocó el ascenso de nuevas coaliciones en territorio romano. De igual modo, aunque la globalización socavó los pactos de posguerra promulgados en Bretton Woods, esto no representó en absoluto una revolución geoestratégica. Al mismo tiempo que la globalización rehacía las economías de la vieja periferia interna, en territorios que habían pertenecido a la periferia exterior del sistema imperial occidental empezó a surgir, de todas maneras, una amenaza mucho mayor para la dominación global de Occidente.

EL SÍNDROME DE CHINA

Con una media de uno de cada cuatro humanos viviendo dentro de sus fronteras durante la mayor parte de la historia escrita, China siempre fue la mayor economía del mundo hasta el auge de Occidente y su propio declive después de 1800. Humillada en reiteradas ocasiones por las potencias occidentales, la China imperial se sumió en guerras internas, mientras que los intentos de finales del siglo XIX de reformar y modernizar sus estructuras siguiendo el modelo del Japón de la época fueron erosionados por la corrupción de poderosos intereses creados. Como resultado, China tuvo la dolorosa e inusual distinción de ver cómo su economía retrocedía durante esta era y no solo en relación con el Occidente en expansión, sino en términos absolutos; buena parte de su población se hundió en la pobreza. En el momento de la Revolución comunista de 1949, el Reino del Medio era una sombra de sí mismo. Los intentos subsiguientes de Mao Zedong de construir una economía cerrada y autosuficiente solo sirvieron para reforzar el retraso. A su muerte, en 1976, los ingresos per cápita del país eran unos doscientos dólares anuales, menos de una decimocuarta parte que los de Estados Unidos. Durante las décadas previas, China permaneció separada del imperio occidental de posguerra, con una participación marginal en sus estructuras económicas y menos de un 1 por ciento de su PIB total generado por el comercio exterior.

Tras la muerte de Mao, la situación experimentó un vuelco radical, si bien el cambio, en un primer momento, apenas se percibió. Tras unas pocas semanas frenéticas, un nuevo grupo de reformistas dirigidos por Deng Xiaoping tomó el poder en Pekín y expulsó a la Banda de los Cuatro, de línea dura comunista, que incluía a la viuda de Mao, Jiang Qing. En teoría, China continuó siguiendo el rumbo que Mao había establecido y su retrato descomunal siguió presidiendo amenazador la plaza de Tiananmén. De forma no oficial, sin embargo, Deng inició una revolución –aunque con cautela– que comenzó por algunas reformas agrarias en 1978 y, poco a poco, fue ganando impulso, con la progresiva liberalización de la industria y el comercio. Hacia la década de 1990, el país estaba de vuelta en la escena mundial y el porcentaje de su producción económica vendida o comprada en el extranjero se cuadruplicó en solo quince años. La economía china experimentó una fuerte expansión e igualó los resultados estelares de los Cuatro Tigres de Asia. Hacia 2016, el chino medio era, en términos reales, veinticinco veces más rico que cuarenta años antes, con unos ingresos per cápita que ahora constituían un cuarto (y subiendo) de los de Estados Unidos. El porcentaje de producción industrial global de China, insignificante en 1976, ascendió en consonancia a casi una cuarta parte y hoy el país es –o pronto lo será, en función de cómo se mida– la mayor economía del mundo.

Nunca se destacará lo suficiente la trascendencia de este giro radical en la historia del mundo. Sus consecuencias están teniendo lugar en la actualidad, pero semejante transformación revolucionaria en la distribución del poder económico global solo puede tener enormes, y paralelas, consecuencias políticas. Por primera vez, el imperio occidental se enfrenta a la competencia de una superpotencia a su altura. La vieja Unión Soviética nunca tuvo una fuerza económica acorde a sus ambiciones militares y fue incapaz de extender su influencia global, pues apenas podía proporcionar apoyo económico a un puñado de clientes en el extranjero (*vid*. pág. 76). De igual modo, a pesar de la retórica del resurgir de la Guerra Fría, los intentos de Vladímir Putin de restablecer la grandeza de Rusia no han hecho gran cosa para cambiar esta situación. La economía rusa se basa, sobre todo, en la venta de petróleo y gas, que ya estaban en peligro a largo plazo debido a la transición mundial hacia los combustibles no fósiles. La implosión económica provocada por las sanciones occidentales tras la invasión putiniana de Ucrania en 2022 subrayó cuán frágil y limitada que es la base económica rusa. Aunque los intentos del país de socavar las democracias occidentales por medio de guerra cibernética han logrado a veces resultados impresionantes, en última instancia, todo esto depende de la cooperación de títeres occidentales más o menos predispuestos, ya sea para reenviar correos electrónicos, financiar campañas políticas desestabilizadoras o hacer circular noticias falsas. Incluso la celebrada maquinaria bélica de Rusia, una vez se lanzó contra las fuerzas armadas ucranianas, más pequeñas, se mostró torpe, anticuada y a menudo inepta.

China presenta un panorama del todo diferente. Aunque sus fuerzas armadas aún no han experimentado un gran conflicto, su porcentaje del PIB global ronda el 16 por ciento (cuando el de Rusia, en comparación, es un 2 por ciento). Su Gobierno autoritario, además, puede limitar tanto el consumo privado como el presupuesto público en sectores como el gasto social, lo cual le permite dirigir casi la mitad de la producción económica total a nuevas inversiones. Se trata de una cifra asombrosa que duplica, e incluso triplica –en el caso de un rezagado como el Reino Unido– al de la mayoría de los países occidentales, entre los cuales incluso los frugales suizos apenas alcanzan un tercio. También significa que China tiene efectivo en abundancia para proyectar poder en el extranjero.

Hasta el momento, el renovado estatus de superpotencia de China, entrelazado con el impulso económico que empieza a arrancar en la mayor parte del mundo en vías de desarrollo, se ha expresado sobre todo en el terreno del poder blando. Aunque todavía sigue bajo dominio occidental, el sistema financiero global ha empezado a depender cada vez más de flujos financieros del mundo en desarrollo; Hong Kong, Singapur, Shanghái y Dubái han devenido centros bancarios comparables a las viejas capitales financieras de Londres, Nueva York y Zúrich. En una era en la que Occidente ha recortado, en general, los presupuestos de ayuda exterior, China ha dado un paso adelante para ocupar el vacío dejado, lo que le ha granjeado numerosos aliados diplomáticos gracias a su ayuda exterior. Basta con dar un paseo por Adís Abeba o Lusaka, con sus grandes y nuevos rascacielos de oficinas, centros comerciales y carreteras de fabricación china, para ver la rapidez con la que China está extendiendo su impronta, en particular en el continente africano. Como resultado de ello, un ejecutivo tras otro ha abandonado a Taiwán, la provincia rebelde a la que se retiró el Gobierno nacionalista de Chiang Kai-shek en la época de la Revolución comunista y reconocen Pekín, y no Taipéi, como el verdadero gobierno de China.

En fechas más recientes, el ascendente poder chino ha empezado a revelar una arista más dura. El país ha abandonado el antiguo Ejército Popular del periodo de Mao, con grandes masas de reclutas forzosos, y lo ha reemplazado por unas fuerzas armadas más reducidas y especializadas, equipadas con la última tecnología.* En los últimos años, ha fabricado dos portaaviones (con cuatro más en proceso de construcción), una cadena de islas artificiales militarizadas cerca de la metrópoli y una serie de bases militares por toda Asia y el océano Índico. China, al realizar ejercicios militares frente a las costas taiwanesas y estrechar su control sobre Hong Kong, está ejerciendo influencia regional por medio de sus activos militares, para consternación de los ejecutivos asiáticos vecinos y Estados Unidos, cuya influencia, en consecuencia,

---

* N. del E.: Las fuerzas armadas chinas, sumando tropa, reserva, personal civil y paramilitares, superan los 4 millones de personas (sobre una población total de 1400 millones), doblan a Estados Unidos (sobre una población de 333 millones) y superan los 3,7 millones de Rusia (sobre una población de 147 millones). [https://www.iiss.org].

declina. Al igual que su predecesor romano del siglo III, el moderno imperio occidental se enfrenta ahora a una superpotencia competidora. Y, pese a que, como también ocurrió con la Persia sasánida, el ascenso de China no ha debilitado de inmediato el estatus de superpotencia de Occidente, sí que plantea una serie de desafíos, directos e indirectos, que deberá afrontar tarde o temprano.

¿MÁS ALLÁ DEL FIN DE LA HISTORIA?

En 1992, tras ver caer el Muro de Berlín, Francis Fukuyama pronunció la célebre sentencia de que habíamos llegado al «fin de la historia». Fukuyama sostenía que el modelo occidental de democracia liberal logró alcanzar tal grado de dominación mundial que la evolución ideológica de la humanidad había llegado a su conclusión natural. Todos acabaríamos siendo Estados liberales, democráticos y capitalistas. Incluso en su época, esta idea sonó arrogante. Hoy, parece un desvarío. El sorprendente ascenso económico de gran parte de la vieja periferia interna a consecuencia de la espectacular migración interna de las últimas décadas, y la entrada explosiva de China en el escenario mundial desde la periferia externa, evidencian que, si bien la dominación global de Occidente no se ha revertido, no cabe duda de que está siendo desafiada y, por primera vez, de forma efectiva. Tampoco cabe hoy la más mínima posibilidad de que cualquiera de estos hechos sea efímero. Del mismo modo que la lista global de ricos ha empezado a poblarse de milmillonarios del sur global, cuyo número aumenta año tras año, también las economías periféricas han pasado de ser perennes rezagados a figurar entre las más dinámicas sobre el planeta. Como resultado de ello, *todas* las economías de crecimiento rápido del mundo pertenecen ahora a la antigua periferia. El retorno de China al centro de la economía global es un fenómeno de inmensa importancia, pero el desafío a Occidente no es una historia china en exclusiva. En años recientes, la tasa de crecimiento económico anual de la India, durante mucho tiempo ridiculizada por su letargo, ha superado a la de China; además, en 2019, seis de las quince economías del mundo de mayor crecimiento eran africanas. Aunque África todavía evoca en las mentes occidentales imágenes estereotipadas de hambruna y enfermedad, se está iniciando una nueva realidad de convergencia económica.

El innegable dinamismo de la economía china y del mundo en desarrollo, en comparación con el descenso de las tasas occidentales de crecimiento, ha ocasionado cierta revisión de los fallos de la democracia y la supuesta superioridad de los sistemas autoritarios. Aunque los autócratas tienen sus desventajas, sostiene cierta línea de pensamiento, al menos consiguen sus objetivos, y la tosca respuesta de ciertos gobiernos occidentales a la pandemia del coronavirus no ha hecho sino reforzar tales opiniones. La mayor parte de la nueva riqueza del mundo se está generando fuera del viejo núcleo imperial y, en consecuencia, los valores de Occidente están perdiendo lustre, incluso entre algunos occidentales, a pesar del hecho de que este sigue teniendo la mayoría del PIB global y que algunas de las respuestas más exitosas de Asia Oriental al desafío del coronavirus tuvieron lugar en democracias como Corea del Sur y Taiwán. Lejos de suscribir el nada convincente triunfalismo de Fukuyama, o seguir la actual (y también acrítica) moda de la autocracia, la historia de Roma nos ofrece una forma alternativa de reflexionar acerca de lo que podría suceder a continuación.

Al examinar las diferentes etapas de las relaciones del Imperio romano con el mundo que le rodeaba, en un principio podríamos sentirnos tentados de pensar que el moderno imperio de Occidente ha alcanzado el punto que su homólogo de la Antigüedad alcanzó entre finales del siglo III y durante el IV. Esta fue la época en la que Persia volvió a ser de nuevo una superpotencia competidora y las periferias europeas imperiales estaban en ascenso. Esto constituiría un desafío bastante importante, pero una inspección más detallada nos revelaría que las circunstancias actuales se parecen más a la situación de la década de 420, mucho más precaria, cuando las nuevas confederaciones establecieron asentamientos permanentes en suelo occidental. Esto no se debe a que inmigrantes «bárbaros» estén entrando en gran número en el moderno Occidente. Los inmigrantes actuales, en general, son un apoyo, no una amenaza para las economías y sociedades del mundo desarrollado (Capítulo 6). El verdadero paralelismo radica en recordar *por qué* esos asentamientos del siglo V, formados en su mayoría por grupos desplazados de la periferia interna, representaron un problema tan grande para la Antigua Roma. La tierra de cultivo era el medio básico de generar riqueza. Los asentamientos «bárbaros» socavaron de forma directa el sistema imperial al privarlo del control de un porcentaje significativo de la reserva de activos generadores de riqueza, con lo que el Estado central tuvo que cumplir sus deberes hacia sus ciudadanos con unos ingresos muy reducidos.

En el caso moderno, la periferia excolonial no tiene motivos para invadir el núcleo porque el mismo efecto se está logrando por medio de la transferencia a la periferia del control de una porción significativa de los activos generadores de riqueza del mundo moderno: en este caso, la maquinaria de producción industrial, no la tierra de cultivo agrícola. En lugar de organizar ejércitos de soldados, los Estados de la periferia moderna han organizado contingentes de trabajadores. En ambos casos, las transferencias de bienes comenzaron como políticas de respuesta a crisis graves. Sin embargo, las respuestas a corto plazo a las crisis inmediatas suelen tener consecuencias imprevistas a largo plazo.

En el caso romano, la solución dada a los migrantes desplazados por la llegada de los hunos fue su asentamiento en Hispania y la Galia en la década de 410. Los asentamientos crearon poderosas entidades periféricas sobre suelo romano, pero, en ese momento, el centro imperial seguía siendo el poder más fuerte con diferencia en el conjunto del Imperio romano de Occidente. Sin embargo, cuando esos asentamientos se extendieron al norte de África en la década de 430, el equilibrio de poder económico, y por tanto político, se inclinó aún más en contra del centro. Este proceso continuó hasta que, tras el fracaso en 468 del último intento de Constantinopla de rescatar a Occidente mediante la destrucción del reino vándalo del norte de África, las periferias en ascenso (con visigodos, vándalos y burgundios en cabeza) pudieron revertir los últimos vestigios de influencia central y controlar sus últimas tierras generadoras de riqueza. ¿Está el moderno Occidente destinado a seguir una trayectoria de desaparición, provocada por la pérdida del control de la masa crítica de sus bienes productivos?

El declive relativo del moderno Occidente y la amenaza potencial planteada por la China resurgente han provocado, a grandes rasgos, dos respuestas de los gobiernos occidentales, a los cuales les resulta difícil no querer volver al *statu quo ante*, o al menos a algo que se le parezca. La presidencia de Trump trató de minar el creciente poder blando de China al cortar sus alas económicas, una estrategia explícita en sus esfuerzos por imponer tratados comerciales más duros. Además, varios ejecutivos occidentales han reafirmado su presencia militar para contener la supuesta temeridad política china: en 2019, el secretario de Defensa británico anunció que enviarían al mar de la China Meridional el nuevo portaaviones del país. A medida que China expande su impronta en su vecindario inmediato, se va acercando peligrosamente a la tradicional esfera de influencia estadounidense en el Pacífico, con lo que la tensión irá en aumento. Las voces más pesimistas han advertido de una «trampa de Tucídides»; la supuesta regla según la cual una potencia en declive, antaño dominante, en algún momento irá a la guerra contra un competidor en ascenso.

Por más atractivo que les resulte a ciertas audiencias occidentales este enfoque intransigente, aún no ha dado muchos frutos. El Gobierno chino puso en su sitio al impetuoso secretario de Defensa británico y recordó a Londres en términos inequívocos que ya no vivían en el siglo XIX. En aquel entonces, el Reino Unido predicaba el evangelio del libre comercio precisamente porque disponía de los cañoneros con los que obligar a los mercados chinos a aceptar sus productos industriales y el opio indio. En la actualidad, el Reino Unido necesita el permiso de Pekín para acceder a los mercados chinos y su entusiasmo por cerrar con China un acuerdo comercial posterior al Brexit obligó rápidamente al Gobierno británico a echarse atrás y brindar por una «relación fuerte y constructiva» entre los dos países… Así como a aclarar que el portaaviones no iría a ningún lado, al menos en un par de años.

Aunque Estados Unidos puede ejercer mucho más peso que el Reino Unido, no está claro qué ganaría con ello. Donald Trump afirmó que sería «bueno y fácil» ganar una guerra comercial contra China; en realidad, esta acabó por perjudicar mucho más a Estados Unidos. El entonces presidente sostuvo que los aranceles impuestos en 2018 para obligar a China a volver a la mesa de negociaciones serían pagados por las compañías chinas, pero fueron los estadounidenses quienes tuvieron que asumir la factura, en forma de precios más altos, reducción de exportaciones y una cifra estimada de 300 000 empleos perdidos en el transcurso del enfrentamiento. Además, mientras que la producción industrial norteamericana cayó durante la disputa, China reemplazó las ventas perdidas en Estados Unidos con exportaciones a otros mercados. Dado el elevado grado de imbricación entre la economía estadounidense y la china en el transcurso de las últimas décadas, cualquier daño económico que Estados Unidos inflija a su rival causará daños colaterales similares en su país.

La principal lección que la historia de Roma nos ofrece aquí es que la confrontación directa con una superpotencia competidora no es una buena forma de preservar la preeminencia que todavía le quede, en una era en la que otros factores desafían el mantenimiento del poder global propio. Roma y Persia nunca se llevaron bien. Peleaban por fronteras, nudos comerciales y control de clientes; además, proclamaban sus ideologías enfrentadas. Ambos imperios afirmaban contar con una serie de divinidades todopoderosas, lo cual les daba visiones del mundo incompatibles. Sin embargo, una vez quedó claro, hacia finales del siglo III, que ni uno ni otro tenía poder para someter al contrario, el conflicto quedó restringido en general a una serie de disputas que les daban derecho a alardear a corto plazo, pero que no atacaban las estructuras vitales de uno u otro sistema. Y cuando ambos imperios fueron amenazados de forma simultánea por potencias nómadas invasoras llegadas de las estepas, a finales del siglo IV y en el V, pasaron de la desconfianza mutua a la cooperación positiva. Se convirtieron en «los luceros gemelos del firmamento» (como los definió un emperador romano) y se negaron a pelear por las cuestiones por las que habían chocado en el pasado.

Cuando el peligro nómada amainó alrededor del año 500, Roma y Persia volvieron a sus antiguas pautas de confrontación. El emperador romano Justiniano (527-565) mostró una propensión particular a la agresividad en un reinado caracterizado por el aventurismo militar. Esto le funcionó (a pesar de sufrir pérdidas importantes, se anotó suficientes victorias como para poder afirmar que Dios respaldaba su reinado), pero, a largo plazo, sus triunfos impulsaron una escalada de confrontación, en la que los dos imperios abandonaron su antigua contención y buscaron victorias mucho mayores. Esto culminó en veinticinco años de guerra total, a principios del siglo VII (603-627), que se saldó con un empate y ambos imperios sumidos en la más absoluta bancarrota. El vacío de poder resultante fue explotado de inmediato por el recién unificado mundo árabe islámico, el cual obró un cambio irrevocable en la faz del Mediterráneo y en la historia de Oriente Próximo. Hacia principios de la década de 650, el Imperio persa se extinguió por completo y Constantinopla, como ya hemos visto, perdió tanto territorio que quedó reducida de imperio global a potencia regional.

El mensaje es simple, pero útil. El poder chino no va a desaparecer y una confrontación directa, económica o política, será, sin duda, contraproducente. El armamento moderno garantiza que un conflicto entre potencias no solo destruirá a sus principales protagonistas, sino a todo el planeta. E incluso con modos de confrontación sostenida mucho más limitados que, sin duda, debilitarían toda posibilidad de cooperación, existen urgentes cuestiones globales que requieren un enfoque colaborativo: en particular, la contaminación, la población, las enfermedades y el calentamiento global. Los ejecutivos occidentales harán bien en elegir con cuidado sus batallas y enfrentarse a Pekín solo cuando la conducta china amenace principios occidentales respetables o la estabilidad del orden global, como por ejemplo el trato de las minorías étnicas, posibles violaciones de leyes o tratados internacionales –Hong Kong ocupa un lugar muy destacado en este debate– o su creciente hostilidad hacia Taiwán (incluso así puede esperar duras negociaciones, dado que las diferencias entre los enfoques de algunas de estas cuestiones son de vital importancia para los chinos).

Los chinos también deberán explotar una de sus bazas más estratégicas, que su conducta, hasta fechas muy recientes, ha debilitado a menudo: sus alianzas. Mientras que la mayoría de los países occidentales pertenece a grandes y poderosas alianzas militares, China actúa sola. La coordinación diplomática entre países con intereses diferentes nunca es fácil, pero cabe aducir que dará más frutos que el individualismo del gusto de los Estados Unidos de Trump o el Reino Unido del Brexit. Así, por ejemplo, la retirada de este último de la Unión Europea hizo que su «estrategia» (a falta de una palabra mejor) para modernizar sus infraestructuras de comunicaciones con tecnología china barata entrara en conflicto con la necesidad, igualmente urgente, de cortejar a la Administración estadounidense, con la que también quería un acuerdo comercial. Ir en solitario como una potencia pequeña o media suele significar ser más débil ante los batallones grandes de verdad.* Mucho más efectiva fue la respuesta unida de Occidente a la invasión de Putin

---

* N. del T.: Alusión a la frase atribuida a Voltaire: «Dios no está del lado de los grandes batallones, sino del lado de los que disparan mejor».

de su vecino ucraniano, cuando los aliados occidentales se coordinaron con rapidez y acordaron posturas comunes que dieron lugar a enormes flujos de ayuda militar y de otro tipo para Ucrania, así como a la imposición de sanciones devastadoras a la economía rusa.

En vista de todo el poder económico y político que se ha acumulado en la vieja periferia imperial en las últimas décadas, es obvio que la siguiente jugada debería ser tratar de expandir las alianzas occidentales existentes y reclutar a los muchos países en desarrollo, que, al menos sobre el papel, comparten las estructuras occidentales de democracia y libertad, como la India, Sudáfrica y Brasil, y edificar de ese modo una coalición mayor de Estados en pie de igualdad. Algunos de estos (la India en particular) tienen sus propios motivos para protegerse de un poder chino sin restricciones. Esto supondría aceptar una cierta limitación de la tradicional dominación global de Occidente, si bien este enfoque es el que ofrece la mayor oportunidad de preservar lo mejor de los valores occidentales durante la inevitable era posimperial.

En la actualidad, el gran beneficio de semejante enfoque sería construir un contrapeso más efectivo a China en las negociaciones internacionales. No obstante, con el fin de que tenga éxito, esta estrategia requerirá más apertura, no menos, por parte de los países occidentales y es probable que también una ayuda sustancial que respalde tales iniciativas diplomáticas. Una de las razones por las que China ha obtenido tantos tratados comerciales favorables y oportunidades de inversión en todo el mundo en desarrollo es que está más que dispuesta a mostrarse más generosa que muchos países de Occidente. Construir un compromiso significativo con la vieja periferia es una forma más prometedora de avanzar, aunque esto va a contracorriente del discurso político occidental del momento presente, que quiere recortar el presupuesto de ayuda y concentrarlo en asistencia al país propio o a sus exportadores. La decisión del Gobierno británico de cerrar su agencia de ayuda exterior en 2020 –considerada por muchos como una de las más efectivas del mundo y asignada ahora a un Ministerio de Asuntos Exteriores ya desbordado– mientras continuaba con la construcción de su portaaviones, puede que ganara algunos votos en los condados conservadores. En términos globales, no obstante, equivalía a privar al Reino Unido de una de sus herramientas de poder blando más potentes, a cambio de un poder duro que tenía un aspecto más bien cojo:

ante la falta de aviones, la pista de vuelo del portaaviones fue alquilada a los estadounidenses.

No es solo una cuestión de dinero contante. Con el ascenso de los políticos autoritarios en muchas democracias del tercer mundo, los políticos occidentales que aspiren a reorientar sus relaciones exteriores de una forma más constructiva se enfrentarán, sin duda, a otro desafío. Todos los objetivos potenciales de semejantes propuestas tienen buenas razones históricas –varios siglos de dominación explotadora– para desconfiar de las motivaciones occidentales. Durante la Guerra de Ucrania, por ejemplo, en las capitales occidentales se habló mucho del aislamiento total de Rusia en el mundo. En realidad, más de la mitad de la humanidad está representada por gobiernos que se abstuvieron en el principal voto de la Asamblea General de Naciones Unidas en el que se condenó a Rusia. En África, numerosas personas y ejecutivos no veían qué podían ganar al tomar partido en un conflicto que implicaba a un país con el que no tenían agravios y que (cuando era la antigua Unión Soviética) apoyó sus luchas independentistas contra los mismos países que ahora les exigían su solidaridad.

Esta misma historia de fondo explica, al menos en parte, el éxito chino en la construcción de buenas relaciones con muchos países en desarrollo. Pese a que China suele ser criticada por ignorar los abusos contra los derechos humanos en los países a los que proporciona asistencia, su calculado compromiso con el principio de no intervención es bien recibido en muchos países en vías de desarrollo con memoria reciente de la alternativa colonial occidental. Esto resulta particularmente cierto cuando Occidente sigue produciendo líderes cuyas afirmaciones nos dejan boquiabiertos –por no mencionar su analfabetismo en cuestiones de historia– tales como que África «puede que sea una mancha, mas no es una mancha sobre nuestra conciencia», como dijo en 2002 un futuro primer ministro británico,* lo cual insinuaba que el principal problema del continente es que el Reino Unido ya no lo dirige. La mayoría de los africanos, por el contrario, son muy conscientes de que han tenido que empezar a construir sus países bajo

---

* N. del E.: Se trata de Boris Johnson. La cita pertenece a un artículo que publicó Johnson en *The Spectator* el 2 de febrero de 2002 en respuesta a una frase de Tony Blair (África como «una mancha sobre nuestra conciencia») en el Congreso anual del Partido Laborista del mes anterior. *Vid.* lecturas recomendadas del Capítulo 7.

el peso de una larga historia de explotación económica y represión política, lo cual ayuda a entender por qué la alianza occidental tuvo tantos problemas para recabar entusiasmo africano para su tentativa de aislar a Rusia en 2022. ¿Dónde estaba el apoyo equivalente, podrían quejarse con justicia, cuando ellos trataban de aislar a la Sudáfrica del *apartheid*?

Si los países occidentales quieren poner coto a la expansión china en la periferia global deberán cambiar su relato, dejar a un lado la determinación implícita de preservar la grandeza de Occidente a expensas (si fuera necesario) de los países en desarrollo y pasar a reforzar tanto la prosperidad global como las estructuras sociales y gubernamentales de estos. En la práctica, tal cosa significa ampliar el pequeño club del viejo núcleo imperial con vistas a incluir una gama más extensa de voces en organizaciones y negociaciones internacionales, en condiciones mucho más igualitarias que las ofrecidas por Clinton en la cumbre de 1999 en Seattle (sin duda, algunos de los líderes rebeldes de la cumbre serían buenos candidatos para formar parte del club).

El único líder y coordinador plausible de un bloque engrandecido semejante –democrático y basado en el imperio de la ley y ya no solo occidental– sería Estados Unidos, que, con el fin de ejercer de forma consistente este papel, debería atenuar sus inveteradas tendencias aislacionistas y reemplazarlas por los mayores beneficios potenciales de la cooperación. Los otros gobiernos del viejo imperio occidental deberían, por su parte, dedicar recursos adecuados al proyecto para que este prospere y así hacer más fácil vendérselo a los electores estadounidenses. Tal y como revelan las experiencias recientes de la OTAN y de la Unión Europea, por no mencionar los debates de la OMC desde la cumbre de Seattle, preservar la cohesión durante una ampliación es un desafío que requiere una enorme cantidad de diplomacia, puesto que el debate debe incluir un número mayor de voces, a menudo en desacuerdo. Pero la alternativa, en la que cada Estado va solo, aunque facilita que cada país tome decisiones propias, también significa que dichas decisiones tendrán poco o ningún valor.

Una mayor participación en un bloque internacional más amplio, abierto a debatir las necesidades de sus nuevos miembros en condiciones más igualitarias, proporcionaría también un mecanismo que permita la inserción de algunos de los mejores productos de la civilización occidental moderna en el nuevo orden global. Aunque

Occidente empleó la riqueza de otros para financiar su desarrollo, conceptos como el imperio de la ley, instituciones públicas relativamente imparciales y eficientes, prensa libre y políticos obligados a responder de sus acciones suponen una enorme mejora de la calidad de vida de cualquier país. De este modo, algunos de los críticos occidentales más feroces no objetan contra sus valores de libertad individual y democracia, sino contra el hecho de que Occidente no siempre practicó lo que predicaba en el resto del mundo. Un firme enfoque en semejantes valores, además de mostrarse más abiertos a aceptar la legitimidad de los intereses no occidentales, ejercerá mucho más atractivo entre los ciudadanos de la periferia en ascenso que la nostalgia por la antigua y supuesta gloria de la dominación occidental del mundo, que es tan bien acogida por ciertos sectores de los electorados occidentales.

Como vimos en el Capítulo 5, solo la negociación hizo posible la continuidad de la civilización romana. En el continente, la negociación entre élites y dinastías emergentes hizo que el nuevo orden del Occidente posromano incorporara ciertos rasgos romanos característicos, como la alfabetización en latín, el cristianismo y una tradición de jurisprudencia escrita. Es importante no idealizar la significación de tales formas culturales. Estas eran importantes sobre todo para las élites romanas y sobrevivieron porque estas resultaron también atractivas a la élite no romana que no tardó en surgir. El contraste con el desenlace al norte del canal de la Mancha, por otra parte, no puede ser más llamativo; allí, ningún miembro de la élite terrateniente romana halló acomodo en el nuevo orden y todos los rasgos característicos de la vida romana desaparecieron. En última instancia, algunas de estas (cristianismo, ley escrita, alfabetización en latín) fueron reintroducidos en la Inglaterra anglosajona a partir de finales del siglo VI, cuando sus reyes, atraídos de forma inexorable por las redes de desarrollo económico de la cercana Europa metropolitana, comprendieron que la asimilación cultural era la manera óptima de cerrar los mejores tratados. Esto no habría ocurrido, no obstante, si estos viejos valores romanos no se hubieran cimentado en el resto del occidente posromano.

Para que los Estados occidentales de hoy negocien con éxito, también será crucial que adopten una postura matizada con respecto a China. Necesitan separar las políticas chinas que amenazan los mejores elementos occidentales de la tradición de aquellas que representen el deseo chino, en todo punto legítimo, de retomar su posición habitual entre las grandes potencias del mundo y derribar los últimos restos del arrogante imperialismo occidental. Aunque no cabe duda de que las confrontaciones periódicas serán una de las características de la relación, la vuelta a una retórica de uniforme hostilidad, del estilo de la Guerra Fría, solo será contraproducente. La cooperación económica, política y cultural también debe ser una característica permanente de todo conjunto de políticas exitosas. Con toda su firmeza, la beligerancia de China aún no ha ido más allá de su vecindario inmediato. Antes de hacer grandiosos pronunciamientos, por ejemplo, los ministros de Defensa de Occidente deberían primero preguntarse cómo se sentirían si China anunciara su intención de enviar un portaviones al canal de la Mancha o al mar Caribe. Rodeado de rivales nada amistosos, desde la flota del Pacífico estadounidense a vecinos como la India o Vietnam, con los que ha librado guerras en la historia reciente, es de esperar que China sienta la necesidad de defender su creciente prosperidad económica con un perímetro defensivo reforzado.

Al menos por el momento, existen numerosos argumentos que permiten sostener que la ascendiente impronta militar de China no es más que un reflejo de su creciente impronta económica y la imagen de agresividad china se complica a veces por el hecho de que se enfrenta a vecinos cuya conducta, a veces, indica unas intenciones no del todo benévolas. En función del punto de vista, el combate fronterizo de 2020 entre China y la India puede verse como una medida ofensiva, o como un golpe preventivo contra el Gobierno de Delhi, cada vez más beligerante y nacionalista. En lo fundamental, si Estados Unidos pudo asumir el papel excepcional de policía del orden mundial después de la Segunda Guerra Mundial se debió a un breve y excepcional vacío de poder en Asia. Con China de regreso a su lugar histórico, es inevitable que la impronta militar de Estados Unidos se reduzca en proporción, si bien no desaparecerá en absoluto como pilar de paz y estabilidad continuada, en particular si puede construirse una red de alianzas para equilibrar, aunque no para amenazar de forma directa, la posición de China.

Las vastas dimensiones de China y su progresiva influencia económica y diplomática por todo el mundo en vías de desarrollo nos indican que será imposible evitar su presencia en cualquier estrategia de transición hacia una nueva arquitectura política global, a pesar de las innegables diferencias institucionales e ideológicas. Por más humillante que esto resulte para los países occidentales, que no hace mucho tiempo le decían a China lo que debía hacer, la historia nos sugiere que la alternativa es mucho peor. El contexto global actual presenta desafíos mucho mayores y amenazadores que los nómadas que impulsaron a Roma y Persia a aumentar su cooperación. Toda alianza ampliada bajo liderazgo estadounidense haría bien en mostrar una actitud cooperativa hacia China, la luz gemela del moderno firmamento global, a pesar de que es indudable que habrá conflicto y tensión. Los beneficios potenciales de semejante enfoque van mucho más allá de lo económico. Resulta difícil ver cómo se podrán afrontar con efectividad el cambio climático y las consecuencias de la revolución demográfica sin un enfoque generalizado y global. Igualmente, prevenir nuevas tragedias como las sufridas por Libia, Afganistán y Siria, donde sus frágiles gobiernos se desmoronaron, sería mucho más fácil en un contexto más propenso a la cooperación que al enfrentamiento. Europa demostró haber aprendido de los errores de su caótica e individualista respuesta a la crisis de refugiados de 2015 con su reacción, coordinada y muy efectiva, a la oleada de refugiados ucranianos de 2022.

Por tanto, con la entrada en la tercera década del tercer milenio, los países occidentales se enfrentan a múltiples desafíos mientras ven cómo surge a su alrededor un nuevo orden mundial. Del mismo modo que, siglos atrás, Roma se enfrentó a Persia y a las confederaciones de la frontera, el ascenso de China significa que el bloque occidental de naciones debe ahora encarar por vez primera a una superpotencia rival, mientras que los procesos irreversibles de desarrollo en la antigua periferia imperial han creado importantes y nuevas voces con suficiente poder económico y político para exigir que se les preste atención. La confrontación económica, y puede que también política, es la respuesta fácil de vender a unas audiencias domésticas todavía aleccionadas en la historia colonial. Sin embargo, esta respuesta tiene altos costes, en potencia ruinosos, en comparación con el enfoque menos popular, pero más realista, de aceptar la inevitabilidad del ascenso de la periferia y tratar de adaptarse a ella.

La respuesta breve a la pregunta que inicia este libro, por tanto, es directa. Occidente no puede volver a engrandecerse siguiendo los viejos métodos. Las placas tectónicas de la organización económica sobre las que descansan las estructuras políticas han experimentado un desplazamiento decisivo y nada va a hacerlas retroceder. Los políticos occidentales necesitan explicar a sus ciudadanos la verdad al respecto y emprender la construcción de un nuevo orden mundial menos egoísta que, de hecho, defendería sus intereses (y los de todos los demás) con mayor efectividad.

Si no lo hacen y priorizan la confrontación para reforzar a corto plazo la posición global del mundo occidental, es probable que las consecuencias a largo plazo sean desastrosas. Pues, aunque las consecuencias geoestratégicas de la globalización constituyen un desafío en sí mismas, podría surgir en su seno una segunda amenaza vital contra los valores occidentales.

CAPÍTULO 8

¿La muerte de la nación?

El 23 de junio de 2016, el 72,2 por ciento del electorado británico votó por un estrecho margen –51,9 por ciento ante un 48,1 por ciento– dejar la Unión Europea. De forma más inmediata, esto fue una victoria de la campaña por el Brexit, criatura nacida de los trabajos conjuntos de políticos conservadores y la organización Vote Leave [Vote Salir], pero también reveló una profunda división entre los votantes británicos. Existe un «centro» que no se inclina en particular por ninguna de las dos opciones, pero este se halla atrapado entre electorados a favor y en contra cuyas líneas de batalla están delimitadas con nitidez. Media década de maniobras no hizo sino agudizar tal división. El discurso político del Reino Unido no es el único que padece esta llamativa falta de consenso. En Estados Unidos, los mítines electorales de la campaña de Trump en 2016 acogían las menciones a su rival, Hillary Clinton, con gritos de *Lock her up!* [¡Enciérrala! ¡A la cárcel!] y su base electoral respondió con entusiasmo al deliberado mensaje divisivo de su campeón. En el invierno de 2018-2019, las grandes ciudades de Francia se vieron sacudidas por meses de violentas protestas callejeras protagonizadas por los *gilets jaunes* [chalecos amarillos]. Lo que empezó como una protesta contra los impuestos del carburante, pronto pasó a ser una rebelión generalizada contra una élite gobernante que les parecía distante y desconectada de la realidad.

De vuelta al siglo V, esta misma división interna fue un rasgo característico del discurso político en los territorios restantes del imperio de Occidente. Las élites no se ponían de acuerdo en cuál era la mejor forma de preservar sus privilegios sociales y económicos, con un centro imperial cuyo poder estaba en declive ante una combinación de incremento de presión fiscal y de influencia política ascendiente de las confederaciones bárbaras. Algunos estaban dispuestos a aceptar un nuevo orden político de reinos bárbaros independientes, mientras otros, como el propio Sidonio (*vid.* pág. 99), querían seguir siendo romanos a toda costa. Tales desavenencias desempeñaron un papel importante en las fases finales del derrumbe imperial romano. En el Occidente moderno, pueden colegirse nuevos tipos diferentes de indignación en las enconadas protestas y divisiones actuales. No obstante, al igual que las disputas políticas que azotaron a la Roma del siglo V, todas tienen un único catalizador subyacente y sus consecuencias podrían constituir una amenaza existencial para los Estados nación del moderno mundo occidental.

UN PAÍS PARA HÉROES

Todos los Estados basados en un consenso político dependen de cierto tipo de contrato fiscal: una serie de razones por las que los contribuyentes aceptan financiar la estructura en la que viven. El Imperio romano, al igual que la mayoría de Estados premodernos, era una versión en extremo simplificada. Sus estructuras estatales solo cubrían defensa y legislación, así como una protección limitada, esta última solo para un pequeño grupo político de terratenientes. Alrededor de tres cuartas partes de sus ingresos tributarios se dedicaban al sostenimiento del ejército profesional, que protegía los intereses de sus latifundistas contra amenazas tanto externas como internas. A cambio, los terratenientes debían pagar un porcentaje de su excedente agrario y gestionar las instituciones administrativas pertinentes. La otra estructura central del imperio era su sistema legal, también al servicio de los intereses de los terratenientes mediante la definición y protección de la propiedad privada y el establecimiento de una serie de medidas que permitían su explotación y transmisión en el tiempo (por herencia, contrato matrimonial y venta). La gran mayoría de la población no participaba en ninguno de los procesos políticos del Estado y no tenía voz ni en los porcentajes de impuestos extraídos ni en dónde se empleaban. El Estado no les ofrecía apoyo directo, salvo un régimen de pan y circo para mantener la paz en un puñado de grandes ciudades. En lo fundamental, la masa de población campesina no tenía forma de ejercer una influencia sostenida sobre la entidad política en la que vivían.

Sin embargo, las revueltas a gran escala no eran un rasgo característico de la historia romana y la única vía de escape realista de los campesinos descontentos era el bandolerismo y la criminalidad de bajo perfil. Con esto no estamos diciendo que la historia imperial transcurriera como una seda: en absoluto. En su transcurso, los reveses militares provocaban a veces contiendas civiles, en particular cuando comunidades terratenientes se sentían ignoradas o desprotegidas en tiempos de peligro… Así y todo, eran pugnas por el control del sistema en beneficio de grupos de interés particulares, no para romper con este por completo. Los terratenientes siempre querían pagar menos impuestos y peleaban por reducir al mínimo sus contribuciones, pero, en general, estaban satisfechos con la situación. Solo cuando la invasión exterior y la anexión del siglo V socavaron la capacidad imperial de defender a sus latifundistas, fue cuando cambió la situación. En ese momento, los terratenientes provinciales, tanto si querían como si no, se vieron obligados a establecer nuevos pactos con intrusos llegados de fuera para conservar cierto control sobre unos bienes inmuebles imposibles de trasladar. Desde el momento en que el imperio no pudo cumplir su parte del pacto, el contrato se rompió de inmediato y el desenlace del sistema imperial necesitó menos de una generación, durante la cual los terratenientes de provincias negociaron nuevas relaciones, siempre que tuvieran esa opción, con el señor bárbaro que se hallara dentro de su esfera de interés (*vid.* pág. 99).

Por el contrario, los Estados occidentales modernos se apoyan en bases políticas mucho más amplias en las que participa un porcentaje mucho mayor de la población y rige un contrato fiscal mucho más complejo. Desde la segunda mitad del siglo XIX, las estructuras estatales evolucionaron por todo Occidente para proporcionar (en diversas combinaciones) una amplia gama de servicios a todos sus ciudadanos: cualquier cosa, desde salud a educación, subsidios y seguridad. Estos servicios fueron posibles gracias a los excedentes, incomparablemente más grandes, de que disponían los gobiernos gracias a la industrialización, combinado con la mayor capacidad burocrática de los Estados para gestionarlos. Esta asombrosa revolución también requirió profundos cambios ideológicos en la idea de lo que los ejecutivos *debían* hacer. El enorme incremento de la provisión de servicios se debió, en parte, al mayor nivel de exigencias de los Estados modernos hacia sus ciudadanos. La cronología de estos cambios asociados está clara. El reclutamiento en masa y el conflicto global vino primero, durante la pugna por el dominio mundial entre Gran Bretaña y Francia entre las postrimerías del siglo XVIII y la época de las Guerras Napoleónicas. Esto, a su vez, generó una demanda a favor de una estructura política que cuidara de unos ciudadanos llamados a hacer semejantes sacrificios.

Pero el advenimiento de lo que se convirtió en el «estado del bienestar» fue también un producto de las formas radicales en que la industria moderna alteró el equilibrio de poder entre las clases sociales. Las clases trabajadoras, cada vez más urbanizadas y organizadas en lugares de trabajo grandes y complejos, alcanzaron un nivel de influencia política inaccesible para sus antepasados rurales. Los campesinos medievales *podían* suponer una amenaza momentánea para el orden sociopolítico predominante, como pudo comprobar el monarca inglés Ricardo II en 1381. Ese año, una gran masa de jornaleros rurales de los condados cercanos a Londres se concentró y marchó sobre la ciudad en una revuelta generalizada en la que perecieron el lord alcalde de la ciudad y el arzobispo de Canterbury. Para poner fin a la protesta, el rey no tuvo otra opción que concederles una carta de libertades. Sin embargo, los alzados tuvieron que volver a casa, pues se habían quedado sin comida. Una vez se dispersaron, el soberano no solo anuló la carta, sino que envió grupos reducidos de hombres armados por los condados próximos para liquidar a los cabecillas de uno en uno.

Al contrario que los campesinos del campo, los obreros industriales llegaron a la ciudad en un alto número y se quedaron de forma permanente. Ante las mayores exigencias de los movimientos sociales surgidos en representación de este nuevo grupo humano, que amenazaba con derivar en una abierta guerra de clases, los gobiernos aliviaron la tensión mediante el uso de parte de los beneficios de la industrialización para construir, paso a paso, las formas sociales más consensuadas del Occidente moderno: ampliación del derecho de voto, mejora de condiciones y acortamiento de la semana laboral, subida de salarios y desarrollo de la salud pública. El canciller fundador de Alemania, Otto von Bismarck, no era precisamente un progresista, pero sabía reconocer una oportunidad cuando la veía y se dio cuenta de que instituir el primer sistema de pensiones públicas y seguro de desempleo del mundo era la mejor forma de robarle votos a los socialdemócratas que tanto detestaba. Estos medios fueron creando gradualmente un nuevo tipo de relación entre gobierno y pueblo, encarnado en el principio de ciudadanía, donde tanto el pobre como el rico comparten un estatus legal común (aunque no siempre los recursos para defenderlo), que alcanzó el cenit en las décadas posteriores a 1945. En cuanto al consenso generalizado acerca de la idea de que el Estado *debía* crear «un país digno de héroes»,* se cimentó un largo periodo de relativa armonía política. Los ciudadanos de este Estado debían ser atendidos de por vida y, por tanto, era razonable que los Estados recaudaran los impuestos necesarios para pagar dicho servicio. En el Reino Unido, tanto laboristas como conservadores contendieron en las elecciones de 1945 sobre la base de la creación de un estado del bienestar y tales ideas –aunque en combinaciones y alcances diferentes– se propagaron por todo el mundo occidental. En esta época, el debate político se limitó a discutir acerca de cuántos impuestos debían pagarse y quién tenía que hacerlo y cómo debían gastarse, sin que hubiera ninguna hostilidad de fondo hacia el sistema en su conjunto.

Esta edad dorada de armonía y reforma social, aunque a veces se exagera para minimizar las diferencias, sin duda reales, que persistían (como la raza, en particular en Estados Unidos), con frecuencia se ha atribuido a un sólido liderazgo político y a una economía progresista, en concreto keynesiana. Es indudable que ambos factores tuvieron un papel, pero también participó la dominación occidental del sistema económico global. Los flujos netos de riqueza de los imperios de Europa en el siglo XIX permitieron a los gobiernos elevar los estándares de vida de la clase trabajadora sin tener que cubrir de impuestos a los ricos. Las factorías de Manchester se beneficiaban de las ventas a la India y del algodón barato de la misma procedencia, con lo que los salarios subían sin disminuir los beneficios. En la práctica, la armonía social fue adquirida mediante la deslocalización de la explotación a las colonias. En las «provincias», incluido el Estados Unidos recién independizado, se consiguió el mismo efecto mediante la apertura de nuevas tierras a la colonización

---

* N. del E.: «Make Britain a fit country for heroes to live in», frase pronunciada por el primer ministro británico Lloyd George en 1918, doce días después de que, el 11 de noviembre, se declarase el armisticio que ponía fin a la Primera Guerra Mundial.

y explotación europea. Los disturbios a causa del desempleo y la pobreza en Nueva York o en Baltimore, que se propagaron después de la Guerra de Secesión con la expansión del ferrocarril, fueron apaciguados animando a los hombres jóvenes a dirigirse al Oeste y emprender nuevas vidas. Procesos similares se desarrollaron en Australia y Canadá. Incluso los países occidentales que no poseían sus propios imperios pudieron beneficiarse del ascenso de estos, hasta el punto de que pudieron empezar a exportar al emergente sistema imperial.

Después de la Segunda Guerra Mundial, cuando el imperio occidental entró en su fase de desarrollo poscolonial y confederal, la prosperidad alcanzó el culmen y se crearon las estructuras de bienestar gubernamental más ambiciosas que el mundo haya conocido jamás; por ejemplo, el HNS [Health National Service (Sistema Nacional de Salud)] británico. Los acontecimientos políticos y económicos en las naciones occidentales desempeñan un rol central en esta historia, pero es de vital importancia comprender que este edificio extraordinario fue construido sobre un torrente de riqueza que iba del mundo menos desarrollado hacia Occidente y que proporcionó la mayor parte del efectivo necesario. Todo esto ayuda a comprender por qué la relativa armonía social y política del mundo de posguerra experimenta tanta tensión en la actualidad.

GANADORES Y PERDEDORES

La globalización neoliberal de las décadas de 1980 y 1990 sacó a flote la fragilidad de fondo del consenso de posguerra. Lejos de resucitar el dinamismo económico de amplia base de las décadas posteriores a 1945, el neoliberalismo devolvió la prosperidad de manera desproporcionada, aunque solo a ciertos grupos dentro de las sociedades occidentales. Mientras que hasta ese momento todo el mundo en Occidente, en mayor o menor medida, se había beneficiado del flujo de riqueza de la periferia, el nuevo orden económico creado por la globalización incrementó el flujo de riqueza a unos subgrupos concretos dentro de la sociedad occidental, al tiempo que perjudicaba el medio de vida de muchos otros. El efecto conjunto fue una situación en la que ganadores y perdedores de la última versión de la organización económica global viven ahora dentro de las mismas fronteras, no como antes, cuando la mayor parte de los perdedores estaba en el extranjero, a una distancia política segura. En la práctica, la deslocalización de la explotación y las privaciones del siglo XIX y principios del XX habían vuelto de regreso a Occidente.

Los beneficiarios económicos más obvios fueron los propietarios y accionistas de las compañías que trasladaron la producción a ultramar. No obstante, dada la importancia creciente de las ideas y la creatividad en la nueva economía global, el grupo de ganadores también incluyó a aquellos afortunados que dispusieran de las competencias y formación —«capital de conocimiento» en la jerga económica— para ocupar los puestos de alta cualificación que Occidente conservó en buena parte. La renovada rentabilidad de las empresas globalizadas disparó las acciones y aumentó los ingresos de los profesionales urbanos que trabajaban en las oficinas de tales empresas o que supervisaban los procesos finales, como el diseño, la ingeniería y el *marketing*. Es más, ante el descenso de costes producido por el traslado de la producción a la periferia, la inflación (la pesadilla de la década de 1970) descendió. Esto, a su vez, significó que bajaran los tipos de interés, con lo que se pudieron adquirir inmuebles y se disparó el precio de las propiedades. Todo ello generó un periodo de auge económico para el escalón superior de la clase media, que, en términos aproximados, sería el 10 por ciento de la sociedad occidental o, a principios del siglo XXI, casi cualquier persona con unos ingresos anuales de 70 000 dólares o más.[1] No se trataba solo de que aumentaron sus ganancias medias. Dado que solían poseer casas y recibían generosos planes de pensiones que también subían gracias al crecimiento de los bienes activos, en particular acciones y propiedad inmobiliaria, sus estándares de vida experimentaron una mejora notable. No obstante, estas ganancias se obtuvieron a expensas de los trabajadores poco o nada cualificados que vieron cómo su participación en el proceso de creación de riqueza se trasladaba al extranjero y tuvieron que competir por trabajos en el sector servicios en un entorno económico que reducía sus ingresos reales. Esta fue una tendencia generalizada en todo Occidente, aunque agudizada en Estados Unidos a causa del menor desarrollo de su estado del bienestar. En las cuatro décadas posteriores a la elección de Ronald Reagan, los ingresos reales de la mitad inferior de la sociedad se estancaron, mientras que la de la mitad superior crecieron: al 10 por ciento superior fue a quien mejor le fue, con un aumento de ingresos de un tercio.[2]

Pese a que estas tendencias eran cada vez más visibles en los datos, el debate público de finales del siglo XX se complacía en un «nuevo paradigma» de crecimiento ilimitado y baja inflación que garantizaría que esta marea económica pusiera a flote todas las naves, si bien algunos gobiernos de izquierdas limitaron su optimismo. En el Reino Unido, el Gobierno de Blair ansiaba resolver el problema de los denominados *sink estates* [distritos sumidero] –fragmentos de la población cada vez más alienada que se quedaron fuera de la nueva prosperidad de las décadas de 1980 y 1990–, por lo que dedicó una pequeña fortuna de gasto público, buena parte de este adelantado a expensas de supuestos futuros ingresos, a todos los niveles de la enseñanza con el objetivo de que un porcentaje más elevado de la población estuviera preparada para participar de la parte superior de la economía en rápido proceso de globalización.

De igual modo, ciertas decisiones políticas ayudaron a disfrazar el significado general de tales tendencias. Durante las décadas de 1980 y 1990, aunque los sueldos reales apenas crecieron en la mayoría del mundo occidental –en Estados Unidos, por ejemplo, el precio medio por hora trabajada siguió siendo el mismo que el de mediados de la de 1970–, el retroceso de la inflación mantuvo bajos los precios, lo cual ocultó, en parte, la pérdida de poder adquisitivo. Este también fue el momento en que China empezó a inundar los mercados occidentales de productos baratos (*vid.* pág. 131). En este contexto, numerosos ejecutivos occidentales implementaron políticas para facilitar el acceso al crédito a los menos pudientes. En Estados Unidos, el Gobierno federal utilizó su autoridad sobre las principales agencias encargadas de financiar hipotecas para reducir los avales mínimos de préstamos.[3] Tales medidas propiciaron un auge inmobiliario que se convirtió en una profecía autocumplida. A medida que más personas adquirían más casas, los precios subían, lo cual convencía a los nuevos propietarios a subirse al carro del crecimiento global y esto, a su vez, animaba a más personas a comprar casas.

A finales de la década de 1990, los mercados alcanzaron alturas estratosféricas, impulsados por los efectos de la severa austeridad impuesta por la Administración estadounidense a numerosos gobiernos periféricos a cambio de ayuda durante la crisis financiera de 1997-1998, en particular los de Tailandia e Indonesia, situados en el epicentro de la crisis, el sudeste asiático. Numerosos economistas achacaron la depresión a la apertura neoliberal de los mercados de capital que los gobiernos occidentales habían impulsado a adoptar a los países en desarrollo, dado que el torrente de capital resultante hacia la periferia elevó el valor de la propiedad por las nubes para luego derrumbarse. Estos ejecutivos no pedían austeridad, sino un gasto más generoso para prevenir el colapso económico. Sin embargo, la Administración Clinton los desautorizó y exigió a los gobiernos que recibían ayudas que recortaran el gasto y abrieran sus mercados a las importaciones de Occidente. La austeridad resultante, aunque generó enormes beneficios para las economías occidentales, sumió a los países en vías de desarrollo en recesiones devastadoras. Los inversores acaudalados de la periferia, temerosos de la inestabilidad consecuente en sus países, dejaron su dinero en cuentas bancarias de Occidente, desde donde lo hicieron circular sin demora. Así pues, en los años finales del milenio, inversores y consumidores occidentales se dieron un festín de deuda barata, que empleaban en adquirir acciones, casas y vacaciones de invierno. Políticos y dirigentes, mientras tanto, podían seguir diciendo que todo iba bien, pues el valor de las inversiones de todo el mundo, en bienes inmuebles, acciones y bonos, crecía más rápido que su deuda, lo cual hacía a todos más ricos con cada día que pasaba. En este contexto general, no importaba que los ingresos medios estuvieran estancados. Todo el mundo, en apariencia, cabalgaba hacia una mayor prosperidad espoleado por una ola neoliberal de crédito barato.

Los riesgos siempre estuvieron a la vista para quien quisiera mirar. En realidad, todo el edificio operaba como una gran estafa piramidal. Si, por algún motivo, el flujo de nuevos fondos que impulsaban hacia arriba los precios de las casas y el mercado de valores empezaba a agotarse —o, aún peor, empezaba a caer—, los occidentales se encontrarían con una montaña de deuda entre manos e ingresos insuficientes para cubrirla. O, por usar las palabras de Warren Buffett, cuando bajara la marea, descubriríamos quién estaba bañándose desnudo.

No tuvo que pasar mucho tiempo para que esto ocurriera. Recién estrenado el milenio, una vez superada la peor fase de la crisis financiera asiática de 1997-1998, los inversores ricos de los países en desarrollo empezaron a retirar sus fondos de las cuentas occidentales y a enviarlos de regreso a su país. De forma casual, aunque simbólica, este cambio de dirección de los flujos globales de capital tuvo lugar justo en el momento en que los países en vías de desarrollo comenzaron a plantar cara a la hegemonía occidental en la cumbre de la OMC en Seattle (*vid.* pág. 121). El modelo neoliberal empezó a encaminarse hacia una crisis, que la Reserva Federal estadounidense trató de aliviar con un descenso de los tipos de interés, aunque solo sirvió para inflar aún más la burbuja inmobiliaria de Occidente. Cuando por fin esta reventó, en 2007-2008, y los precios de las propiedades se hundieron, el mundo se enfrentó a la depresión económica.

Los gobiernos occidentales se apresuraron a taponar las grietas en el dique, pero las soluciones adoptadas incrementaron los niveles de deuda y reforzaron aún más las nuevas diferencias sociales creadas por la globalización. Una vez más, los bancos centrales, encabezados por la Reserva Federal estadounidense, imprimieron billones de nuevos dólares, euros y libras, que prestaron a los bancos a un interés casi nulo, con la esperanza de que estos dejaran este efectivo a los negocios y a los ciudadanos de a pie. Los negocios, según esta lógica, invertirían, se expandirían y, por tanto, contratarían trabajadores, lo cual reiniciaría la economía, mientras que las personas corrientes aprovecharían las hipotecas y tarjetas de crédito baratas para volver a comprar y gastar. Por desgracia, aunque este paquete de medidas logró evitar la crisis inmediata, acabó por exponer las amplias divisiones sociales y políticas que habían permanecido casi ocultas durante los años de crédito barato. Los mercados de valores resucitaron con furia y el Dow Jones neoyorquino creció una media anual del 18 por ciento después de su crac de 2007. Sin embargo, la nueva inversión en actividades productivas fue mediocre. Las empresas utilizaron buena parte de los fondos para incrementar los emolumentos de los ejecutivos y recomprar sus propias acciones, en lugar de contratar a nuevos trabajadores, lo cual infló aún más su cotización en bolsa y, por tanto, sus bonos ejecutivos anuales. En la década posterior a la caída financiera, la inversión estadounidense en nuevos bienes productivos, desde máquinas a *software*, apenas se incrementó en la mitad mientras que, por el contrario, las recompras de acciones se cuadruplicaron. Las empresas volvieron a contratar trabajadores, pero las pautas establecidas de la globalización continuaron. Los nuevos trabajos eran en su mayoría del sector servicios y con baja remuneración. En suma: los ricos se enriquecieron aún más y el resto tuvo que arreglárselas como pudo.

En el discurso político contemporáneo, el espíritu predominante de división empezó a expresarse en varios ejes. El de «viejos contra jóvenes» se vio con nitidez en los resultados del referéndum del Brexit. Otros debates han enfrentado a profesionales contra las clases trabajadoras, a grandes ciudades contra el campo y las pequeñas localidades; también se acusó a las «élites» «metropolitanas» y «costeras» de dar la espalda a la gente corriente del corazón del país. Otro de los ejes más señalados fue el de nativos contra inmigrantes, que, supuestamente, quitan puestos de trabajo y bajan los salarios. Algunas de estas brechas divisorias no son nuevas –el discurso antiinmigración (que no era desconocido ni en el mundo romano) lleva entre nosotros desde siempre–, sino un claro indicio de que la actual fragmentación refleja un cambio estructural, de un tipo más profundo, visible en el surgimiento de nuevas pautas de adhesión política. En la derecha, en particular, una nueva hornada de políticos populistas ha canalizado el descontento creciente hacia una supuesta política antisistema que busca el apoyo de los «excluidos» y «deplorables»: los ignorados, ridiculizados, incluso, por los políticos convencionales. Tales discursos revirtieron la tradicional división entre izquierda y derecha, pues los trabajadores abandonaron los partidos socialistas y liberales para pasarse a movimientos de la nueva derecha, por lo que desempeñaron un papel no pequeño en el referéndum del Brexit y en el ascenso de Donald Trump. La extrema derecha también ganó poder en Austria y causó una profunda ruptura en la política de Alemania, Francia, Italia y España.

Por debajo de todas estas etiquetas divisivas subyace la distinción de base entre aquellos que se beneficiaron de la remodelación de la economía mundial tras la nueva pauta de globalización y aquellos que no. La brecha generacional *se ha ensanchado*. Los jóvenes, cargados de deudas de estudios y agobiados por los inflados gastos en vivienda, miran con envidia la riqueza que numerosos miembros mayores de la sociedad occidental acumularon gracias a la propiedad de inmuebles y de fondos de pensiones. El valor de ambos tipos de activo se ha disparado de forma astronómica en los últimos cuarenta años. Una persona que adquirió una casa en el Reino Unido a principios de los años sesenta del siglo XX recibió, de media, un beneficio cien veces superior durante la etapa posterior. En Londres, la venta de una pequeña casa adosada le permitiría a su propietario una vida de relativo lujo. Los fondos de pensiones han experimentado una transformación similar. Entre el 20 y el 30 por ciento de la riqueza total del mundo occidental está hoy depositado en ellos y ha reforzado los dividendos de sus miembros gracias al dinero barato y al traslado de sus inversiones a la periferia global. Este doble cambio representa una transformación que podría tener una significación colosal. En las sociedades occidentales de los siglos XIX y XX el crecimiento de la riqueza siguió al incremento de los ingresos. A medida que estos crecían, las personas empleaban cada vez más cantidad en ahorros e inversiones. Sin embargo, durante la última generación, ambos factores han quedado desconectados, pues la riqueza crece más rápido que los ingresos (a pesar de que la tasa de ahorro ha cambiado poco e incluso ha descendido), si bien a los gobiernos, desde un punto político, les sigue resultando más fácil gravar los ingresos que la riqueza.

La división entre las clases profesionales y las trabajadoras también refleja la separación esencial con los que tuvieron la fortuna de entrar en el mercado laboral con las competencias necesarias para adquirir o mantener los empleos bien pagados e interesantes que se quedaron en Occidente cuando la producción se trasladó a otros países. En realidad, este tipo de educación –«capital de conocimiento»–, en general necesaria para obtener uno de estos puestos, a menudo recae en progenitores con ingresos suficientes para invertir elevadas sumas en la formación de los hijos. Si se tiene en cuenta que estas familias acomodadas suelen ser también las que poseen propiedades y pensiones, las sociedades occidentales empiezan a caracterizarse por una creciente división entre los más pudientes, cuyos ingresos dependen de forma primordial o mayoritaria de la propiedad de diversos tipos de riqueza y aquellos que se ganan la vida con su trabajo. Por descontado, esto significa que las oportunidades de mejora y movilidad social que caracterizaron a las sociedades occidentales durante buena parte del siglo XX están desapareciendo con rapidez.

En el mundo romano, los terratenientes de provincias, enfrentados a la creciente incapacidad del centro para mantener sus privilegios, recurrían a menudo a negociar con el rey bárbaro más cercano con el fin de preservar sus tierras. La élite moderna equivalente, la que se beneficia de los frutos de la globalización, también ha trasladado un porcentaje importante de sus activos a los centros de deslocalización de la periferia. Aunque muchos conservan sus caras propiedades en el inflado mercado inmobiliario occidental, gran parte de sus activos, controlados por ellos o manejados de forma indirecta por fondos de pensiones, está ahora invertida en la periferia. En resumen, la restructuración económica de los últimos cuarenta años ha sido testigo de la formación en la mayoría de las sociedades occidentales de dos colectivos políticos cuyos intereses económicos se caracterizan por profundas diferencias. Esto no solo ha generado una importante división en el seno de numerosas sociedades occidentales, sino que plantea, a largo plazo, un desafío contra la estructura de Estado nación evolucionada en los siglos XIX y XX, hasta convertirse en una característica definitoria de la vida en el Occidente moderno.

Las estructuras de funcionamiento del Imperio romano también fueron dañadas por el ascenso de las confederaciones bárbaras en suelo romano. A medida que el centro imperial iba perdiendo el control de las provincias que constituían su base tributaria, se debilitó su capacidad para mantener unas fuerzas armadas efectivas. El Estado respondió con una subida de impuestos en lo que quedaba de su base tributaria, pero lo único que consiguió fue incrementar el atractivo de sumarse a una de las confederaciones bárbaras y recaudó unos ingresos del todo insuficientes para remplazar las pérdidas de ingresos. En última instancia, incluso alguien como Sidonio, que ansiaba a toda costa permanecer dentro de la órbita política de Roma, no tuvo más remedio que limar asperezas con el rey visigodo Eurico. Fueron decisiones como esta las que marcaron el verdadero final del Imperio romano de Occidente.

En la actualidad, la globalización está generando una crisis de ingresos del Estado nación comparable a la que dejó al Occidente romano incapacitado para cumplir su contrato fiscal. El desplazamiento del capital deslocalizado ha supuesto, en la práctica, que los gobiernos de la periferia pueden hacerse con un porcentaje en aumento de los ingresos globales, mientras que los ejecutivos occidentales se han visto obligados a competir por las inversiones conteniendo el gasto para mantener bajos los impuestos. Es más, la liberalización de los mercados financieros que permitieron la deslocalización también facilitó que los estratos superiores de la sociedad global puedan mover dinero a paraísos fiscales, donde hoy alrededor de una décima parte de la riqueza global —más de siete billones de dólares— permanece fuera del alcance de ningún gobierno.[4]

A finales del siglo XX, cuando los efectos divisivos de la globalización eran obvios en las sociedades occidentales, el flujo de rentas tributarias a disposición de sus líderes para mantener los estándares de vida de Occidente se estaba reduciendo. El Bajo Imperio romano respondió a la erosión de su base tributaria con el incremento de impuestos en lo que quedaba. Los dirigentes del moderno Occidente, sin embargo, pudieron recurrir a una solución diferente, una de las invenciones milagrosas del mundo moderno: la deuda. Aunque puede que esto no sea más que una astuta forma de huida hacia adelante.

DEUDA Y ENFERMEDAD

La deuda, la idea de gastar hoy y pagar en el futuro, es tan vieja como el comercio. Sin embargo, en el mundo moderno, el advenimiento de los bancos centrales —el neerlandés, el sueco y el inglés nacieron en el siglo XVII— revolucionó la política estatal: posibilitó reprogramar los pagos y no solo a un futuro próximo, sino a muchas décadas vista, mediante hipotecas de treinta años y bonos gubernamentales a cien años. De hecho, la historia del Estado nación es inseparable del ascenso de la deuda nacional. En vista de los rápidos cambios sociales y tecnológicos del siglo XX, que trasformaron la productividad de la mano de obra, obtener préstamos a pagar con futuros ingresos generados por la inversión productiva permitió a las economías acelerar su crecimiento.

No siempre es fácil diferenciar entre los préstamos dirigidos a la inversión productiva y los empleados para cubrir el gasto inmediato. Los gobiernos suelen hacer inversiones para proteger trabajos o proporcionar algún tipo de subsidio inmediato, como ocurrió con las nacionalizaciones de la década de 1970, la expansión del gasto social de Tony Blair, pagadera con futuros ingresos (que no se materializaron) o los planes de Boris Johnson —no abandonados por sus sucesores— de «recuperar» zonas deprimidas en el norte y en las Midlands del Reino Unido; unos planes que puede que se amorticen, aunque lo más probable es que no lo hagan. Incluso los proyectos de infraestructura del Occidente moderno, similares en apariencia a los viejos proyectos, no son siempre lo que aparentan. En 2020, Johnson anunció un programa de inversiones que calificó de «rooseveltiano». En términos proporcionales, no obstante, era trece veces más pequeño que el New Deal, lo que llevó al *Financial Times* a observar que, mientras que Roosevelt construyó la presa Hoover, Johnson se limitó a reparar un puente en las Midlands.[5] La comparación es muy reveladora. Construir un nuevo puente abre nuevos canales comerciales, reduce costes y tiempos de viaje y, por consiguiente, genera nueva actividad económica. Reparar un puente solo permite mantener abiertos los canales ya existentes, conservar los niveles presentes de actividad (después, por supuesto, de tiempos de viaje más largos mientras finalizan el trabajo). De igual modo, en 2017, cuando Estados Unidos emprendió una gran bajada experimental de impuestos, el presidente Trump dijo que esto inyectaría combustible de cohete en la economía. No lo hizo. El crecimiento apenas se incrementó un 0,7 por ciento durante el año siguiente, después de lo cual volvió a su tasa subyacente (cercana al 2 por ciento anual y en retroceso). Las inversiones de las empresas casi no experimentaron cambios y el elevado aumento de puestos de trabajo prometido no se hizo realidad, ya que el empleo mantuvo su trayectoria anterior. En última instancia, la mayor parte del dinero que las empresas ahorraron en impuestos se invirtió en dividendos y recompra de acciones. Esto potenció los precios de las acciones, lo cual enriqueció aún más a una reducida minoría de los estadounidenses más pudientes, pero apenas aportó nada a la economía general.

En realidad, vivimos en un mundo en el cual los grandes beneficios económicos generados por el gasto en infraestructuras y en otros tipos de estímulo gubernamental directo se han ido marchando lejos de Occidente. Algunos economistas insisten en que esto cambiará, que vendrá una nueva revolución productiva que rivalizará con las anteriores, como la que supuso la generalización del motor a vapor o la electricidad, y restablecerá las tasas de crecimiento de antaño; la candidata habitual para la futura revolución suele ser la tecnología de la información. Sin embargo, llevamos esperándola mucho tiempo. En 1987, Robert Solow hizo una célebre observación: podíamos ver la edad de las computadoras por doquier, salvo en las estadísticas de productividad y no parece que la situación haya cambiado.

Por el contrario, en la mayoría de los países occidentales el crecimiento de la productividad —el valor efectivo de lo que un trabajador produce en una hora de trabajo— lleva mucho tiempo en una curva descendente. Tras el auge histórico de mediados del siglo XX, cuando el rendimiento por hora creció casi un 3 por ciento anual, desde la década de 1970 los rendimientos horarios han ido retrocediendo hacia su norma (que, durante la mayor parte de la historia, ha estado más cercana al cero) y en la actualidad se aproxima al 1 por ciento al año. Allí donde vemos grandes incrementos de la producción por trabajador estos tienden a estar muy concentrados. Los sectores económicos más dinámicos y productivos, en los cuales los países occidentales siguen teniendo ventaja, producen una demanda bifurcada de mano de obra. En las industrias de alta tecnología, un porcentaje relativamente pequeño de la fuerza laboral es muy productiva. En 2020, los 60 000 empleados de Facebook generaron unos ingresos de casi 90 000 millones de dólares estadounidenses: una media anual de 1,5 millones de dólares por cabeza. Estos, a su vez, están apoyados por una fuerza de trabajo mayor y menos especializada de limpiadores, cuidadores y camareros. En otras palabras, las ganancias productivas efectivas de las sociedades occidentales de la actualidad son generadas por unos pocos, no por una mayoría, de ahí que no sirvan para revolucionar la productividad de la masa de la fuerza laboral de Occidente. Con lo que, si antaño la deuda era una forma de gastar hoy para incrementar las ganancias del futuro, para la mayoría de los occidentales se ha convertido en una forma de tener cosas ahora y pagarlas mañana.

A causa de la rotura de la vieja relación entre inversión y expansión económica, los gobiernos y sociedades de Occidente han adquirido el hábito de no usar tanto la deuda para construir la prosperidad del futuro, como para potenciar o sostener los estándares actuales de vida. Conforme el incremento de la productividad se estancó, y con este el aumento de los ingresos, familias y negocios mantuvieron el nivel de vida acostumbrado endeudándose más. Durante mucho tiempo, los gobiernos les garantizaron que era algo seguro, con declaraciones reiteradas de que una nueva revolución productiva llegaría para borrar las deudas y la institución de medidas, tales como disminuciones de las tasas de interés y la reducción de trabas al crédito, que facilitaran la adquisición de préstamos.

Todo esto es nuevo. Aunque la deuda está omnipresente en las sociedades occidentales, resulta fácil olvidar que la humilde tarjeta de crédito, esa herramienta esencial de la vida moderna, no existía antes de mediados del siglo XX. Antes, el endeudamiento se limitaba en general a la inversión, ya fueran empresas que construían plantas fabriles o familias que adquirían casas, mientras que la deuda gubernamental, que se había disparado en época de guerra, descendió a continuación. En las décadas posteriores a la Segunda Guerra Mundial, por ejemplo, la ratio total de deuda privada y pública combinada con el PIB de Estados Unidos oscilaba en torno al cien por cien, una tendencia que se repetía en otras sociedades occidentales. La situación terminó de despegar en la era de la globalización, cuando tanto gobiernos como ciudadanos utilizaron el endeudamiento para tapar déficits de liquidez y el empeoramiento de las desigualdades, o, simplemente, para mantener la expectativa de que la riqueza seguiría aumentando.

El resultado final es que, hacia finales de la segunda década del siglo XXI, Occidente había acumulado un nivel colosal de deuda. En 2019, la rebaja de impuestos de Trump impulsó la deuda nacional de Estados Unidos hasta más allá del cien por cien del PIB. Si se suma la deuda acumulada por la gente de a pie, la ratio de deuda subyacente-PIB del país supera el 300 por ciento, tres veces superior al nivel de los años del *boom* de la posguerra. El caso del Reino Unido es similar, el de Italia aún peor y la palma de oro a la imprudencia fiscal se la lleva Japón, donde la ratio deuda total-PIB casi ha llegado al cinco a uno. Esta tendencia es generalizada en todo el mundo occidental. Incluso países que se tienen por ahorradores, como Dinamarca o Países Bajos, tienen ratios de deuda-PIB muy por encima del 300 por ciento, mientras que el más austero de todos, Alemania, no está muy lejos, con una deuda bastante por encima del 200 por ciento.

En lugar de una revolución productiva que acuda al rescate y reduzca tales ratios de deuda, lo que Occidente recibió fue una dosis imprevista de choque exógeno: esta vez no se trató de hordas de hunos, sino de un organismo microscópico. A principios de 2020, llegaron de China informes de la aparición en la ciudad de Wuhan de una cepa nueva de coronavirus. En cuestión de semanas, se propagó por todo el globo. La respuesta de los gobiernos occidentales, en general, fue subestimarla. Sin embargo, a principios de marzo de 2020, cuando la Organización Mundial de la Salud calificó el brote de pandemia, se desató el pánico. Los ejecutivos impusieron confinamientos y empezaron a cerrar fronteras a los viajes internacionales. Con velocidad de récord, la mayoría de los gobiernos occidentales preparó paquetes de rescate económico. Los bancos centrales volvieron a abrir el grifo y crearon masas de dinero nuevo con el que compraron bonos tanto gubernamentales como de empresas y proporcionaron los fondos que los gobiernos emplearon para mantener a flote las empresas paralizadas. Se evitó la inmediata depresión económica, pero, una vez más, se ahondó la división en el seno de la sociedad occidental. Los bancos centrales dejaron caer las tasas de interés y en algunos países asumieron cifras negativas… Es decir, que cualquiera que prestara dinero al gobierno tenía que pagar por el privilegio. Esto, además de animar a las firmas a pedir prestadas enormes cifras de dinero para mejorar sus reservas de efectivo, también animó a los inversores expulsados de los mercados de bonos por sus lamentables dividendos a buscar otros sectores, como acciones, inmobiliarias y nuevos inventos como las criptomonedas. Después de las fuertes caídas de principios de año, los mercados bursátiles remontaron y hacia el verano habían cubierto sus pérdidas. Sin embargo, en el conjunto de la sociedad, a pesar de los paquetes de rescate, los ingresos reales se estancaron y muchos pequeños negocios quebraron.

Todo este nuevo dinero apenas se empleó en inversiones que prometieran algún tipo de nuevo crecimiento económico. Se bombeó tanto dinero a las bolsas a ambos lados del Atlántico, en particular a Estados Unidos, que incluso compañías «zombi» en bancarrota técnica vieron dispararse el valor de sus participaciones. En el espacio de pocos meses, los gobiernos occidentales incrementaron su deuda hasta en un 25 por ciento. En total, la gestión de la pandemia los forzó a añadir unos 17 billones de dólares a su deuda antes de final de año (con lo que la deuda pública de los países occidentales creció en general un 10-20 por ciento). La respuesta occidental a la crisis del COVID-19, por tanto, dio renovada urgencia al debate de las cuestiones clave que acechaban bajo la superficie de la globalización. ¿Quién va a pagar los alarmantes niveles de deuda de Occidente y de qué forma? Y ¿cómo será la configuración de la sociedad occidental después de ello?

Nunca se insistirá lo suficiente en lo mucho que hay en juego. La mitad occidental del Imperio romano se derrumbó y desapareció cuando el centro no tuvo fondos suficientes para mantener su contrato fiscal y defender los intereses de las élites encargadas de recaudar y pagar impuestos. La crisis de ingresos de los Estados del Occidente moderno tiene raíces diferentes, pero no es necesario reflexionar mucho para comprender que esto plantea una amenaza a la forma de Estado característica del mundo occidental, la cual podría ser tan decisiva como la que destruyó el Imperio romano de Occidente en el siglo V.

¿RESISTE EL CENTRO?

No es la primera vez que los gobiernos occidentales asumen fuertes niveles de deuda. Tras la Segunda Guerra Mundial, sus deudas acumuladas alcanzaron niveles récord. En la actualidad, ciertos analistas –en particular los miembros de la escuela de la teoría monetaria moderna–[6] argumentan que hoy, como entonces, estas deudas serán saldadas de forma relativamente indolora gracias al crecimiento económico. Argumentan que cada cien dólares invertidos en deuda generarán, en última instancia, cientos en rendimiento creciente, así como que la deuda actual de Occidente, al igual que la del periodo posterior a 1945, será liquidada en pocas décadas.

Sin embargo, existen diferencias cruciales entre 1945 y la actualidad. Para empezar, en 1945 solo un 5 por ciento de la población estaba jubilada, el gran incremento de la productividad del periodo de posguerra estaba por venir y se contrajo deuda para la reconstrucción, lo cual activó una expansión económica inmediata. No parece probable que los dividendos de inversión en el Occidente de hoy alcancen los niveles del pasado, en particular porque buena parte de la deuda reciente –que incluye casi toda la añadida durante la pandemia– tenía el objetivo de impedir que las economías colapsaran. Estas deudas ni siquiera aspiraban a añadir nueva producción; dado que se limitaron a tratar de impedir la desaparición de la ya existente, no es probable que se amorticen a sí mismas.

En segundo lugar, la presión sobre el gasto gubernamental no dejará de aumentar. Con la población cada vez más envejecida y necesitada de más atención sanitaria, pensiones y servicios públicos –servicios que, en países como Japón, suman hasta un tercio del gasto público total– y los gobiernos deberán enfrentarse a una continua tensión presupuestaria. En la actualidad, entre el 15 y el 20 por ciento de la población en la mayoría de los países occidentales se compone de jubilados, unas cifras que no dejarán de aumentar. Hacia mediados de siglo, según las pautas actuales, alcanzará el 25-30 por ciento. Casi la mitad de los que se jubilen tendrá más de 75 años de edad, momento en que el gasto médico per cápita suele dispararse. Resulta siniestro pensar en que los erarios de los países occidentales han llegado a tal punto que el descenso de la esperanza de vida se considera una buena noticia: en 2022, el Tesoro del Reino Unido informó de un pequeño e inesperado beneficio debido al descenso de la esperanza de vida causado por la pandemia.

En tercer lugar, los intereses actuales de la deuda gubernamental son extremadamente bajos. El bono estadounidense a diez años, por ejemplo, que es el marco de referencia de los intereses de toda la economía de Estados Unidos, creció hasta casi un 16 por ciento en 1980 y desde entonces ha experimentado una prolongada caída, hasta llegar a casi un 0 por ciento en 2020, una pauta que se repite en la mayoría de las economías desarrolladas. Aun así, en febrero de 2022, el Estado británico hizo el mayor pago de intereses de deuda gubernamental de su historia. En 2022, cuando las tasas de interés de las sociedades occidentales empezaron a crecer, los gobiernos se enfrentaron a un nuevo problema: el pago de intereses estaba comenzando a devorar su poder adquisitivo. A esto podemos añadir un elemento que apenas existía después de la guerra: la deuda privada, que, como hemos visto, también se ha disparado durante las últimas décadas.

Si la deuda no se va a pagar por sí misma y, por el contrario, no dejará de aumentar, junto con el pago de intereses, ¿qué opciones tienen los gobiernos occidentales, por no hablar de sus ciudadanos, que tendrán que afrontar un problema financiero cada vez más acuciante?

Los bancos centrales podrían decidir prolongar de forma indefinida la «represión financiera» y mantener las tasas de interés por debajo de la inflación durante periodos extensos. Esta fue una dimensión adicional del paquete de políticas aplicadas después de la Segunda Guerra Mundial, cuando los costes de financiación gubernamental se mantuvieron por debajo de la tasa de inflación, lo cual permitió que esta fuera consumiendo el valor de la deuda. Esto fue bueno para los ejecutivos, cuyos ingresos tributarios subieron con la inflación mientras que la deuda no lo hizo. Si, digamos, los bancos centrales occidentales mantienen las tasas de interés real –la diferencia entre tasa de interés y tasa real de inflación– en un 3 por ciento negativo (en 2022 era el doble), el valor de los ingresos de un préstamo al gobierno se reducirá a la mitad cada veinticinco años. Aunque esto pudiera parecer una forma inteligente de posponer el problema hasta hacerlo desaparecer, lo cierto es que podría provocar una ruptura social, que empezaría por todos esos votantes jubilados que han demostrado ser un vigoroso bloque político en las sociedades democráticas, y no solo porque su número está en aumento, sino también porque son los que más acuden a votar. Los fondos de pensiones subieron aupados por el auge del valor de los activos de la era neoliberal. Sin embargo, ahora que sus miembros están envejeciendo, los fondos necesitarán cada vez más adquirir bonos del Estado, dado que estos proporcionan el flujo constante de ingreso que espera alguien que recibe una paga mensual.[7] La represión financiera, por tanto, aminoraría con el tiempo el valor de tales flujos de ingresos. Puede que los políticos esperen que nadie se dé cuenta, pero aquella persona que se retire hoy y tenga que pasar el resto de su vida apretándose el cinturón cada vez más percibirá qué ocurre y es probable que vote en consecuencia.

En lugar de ello, los gobiernos podrían recurrir a la combinación clásica de recortar gastos o subir impuestos. Pero esto se enfrenta a dos obstáculos enormes. El primero es que los costes asociados al contrato fiscal de Occidente no dejarán de aumentar. Antes incluso de la pandemia, que reveló la elevada degradación del NHS británico después de una década de austeridad, era un hecho asumido que sería necesario incrementar el gasto sanitario un 4 por ciento anual solo para responder a la demanda en ascenso y a los costes adicionales de las nuevas posibilidades tecnológicas. Y esto sin tener en cuenta el gasto extra en pensiones: en 2022, el primer ministro británico admitió que un crecimiento del 1 o el 2 por ciento no sería suficiente para financiar el NHS a largo plazo. Una cosa es pedir a la ciudadanía que pague impuestos por una mejora de servicios, algo que suele hacer sin problema, y otra bien distinta pedirle que pague impuestos para cubrir el coste de servicios ya prestados –pagados con deuda en el pasado–, en especial si son servicios de los que podrían no beneficiarse nunca.

En la actualidad, los ejecutivos occidentales recaudan la mayor parte de sus ingresos por medio de impuestos sobre la renta y al consumo. Los impuestos al consumo, como el IVA y los impuestos de venta, elevan los precios, mientras que los impuestos sobre los ingresos repercuten sobre todo en la población activa. En la situación actual, con la población de los países occidentales envejeciendo año tras año, el trabajador medio comparte la carga de sostener a un pensionista con otro miembro de la fuerza laboral. Entre el momento actual y mediados de siglo esa relación avanzará de forma inexorable hacia uno a uno. En otras palabras: la presión tributaria sobre las personas jóvenes en edad laboral no dejará de aumentar, con la carga adicional de la deuda combinada de la globalización y de la pandemia de coronavirus, que añadirá considerables incrementos. En el Reino Unido, por ejemplo, se estima que los graduados universitarios que entren en el mercado laboral tendrán que dedicar a impuestos hasta un 50 por ciento de sus ingresos mensuales. Esto nos conduce al segundo gran problema de elevar los impuestos para pagar deuda. Cuando los impuestos suben, pero los servicios públicos no responden, se corre el riesgo de percibir la ruptura del contrato fiscal. El caso romano nos muestra lo que podría ocurrir en esa situación.

No será fácil encontrar la opción menos mala para resolver el problema de la deuda de Occidente. Lo más probable es que consista en una supresión continuada de tipos de interés para las economías que puedan soportarlo, combinada con diversos cócteles de subidas de impuestos y recortes de servicios. Tratar de ignorar estas limitaciones financieras conducirá a desastres económicos con tipos de interés cada vez más elevados, tal y como reveló el frustrado «minipresupuesto» británico de otoño de 2022. Lograr la combinación adecuada –dentro de un contexto general de envejecimiento poblacional y bajo crecimiento– será bastante difícil. Si se reducen demasiado los servicios habrá agitación social y se vaciarán aún más las funciones vitales del Estado. A finales del siglo XX, algunos países en desarrollo encararon problemas similares de deuda y tuvieron que subir impuestos y reducir gasto, a un nivel sustancial y a menudo con escasa solidaridad de Occidente: en el caso de la austeridad impuesta por la Administración Clinton tras la crisis asiática, se vieron sumidos en la depresión mientras Occidente celebraba su máxima prosperidad. La experiencia de muchos de estos países revela los problemas a los que podría enfrentarse Occidente. En muchos casos, buena parte de la población trabajadora se retiró de la red tributaria. En el extremo inferior, los pequeños contratistas hacían todos sus negocios en efectivo, los importadores sobornaban con metálico a los mal pagados funcionarios para que no aplicasen aranceles a sus importaciones y los ultrarricos ocultaron su riqueza en cuentas bancarias de Suiza, con lo que se precipitaron en un círculo vicioso: el descenso de ingresos obligó a reducir aún más los servicios gubernamentales.

En los países más afectados, los paquetes de austeridad de finales del siglo XX rompieron el contrato fiscal existente, los ciudadanos de los estratos superior e inferior optaron por abandonar la estructura política y el poder real quedó redistribuido y fue a parar, en algunos casos, a manos muy indeseables. En las comunidades urbanas controladas por las bandas de narcotraficantes de Jamaica y Brasil, en las regiones de México dominadas por los cárteles, en las fronteras de Pakistán y en buena parte de Afganistán donde los talibanes estaban activos se consolidaron Estados dentro del Estado. Aunque esto nos pudiera parecer algo muy remoto, ya hemos empezado a ver las primeras manifestaciones en Occidente y no solo en ciertas áreas deprimidas de ciudades occidentales que son virtuales feudos de bandas, sino también en la creciente incapacidad estatal para cumplir con su parte del acuerdo. En el Reino Unido, por ejemplo, los recortes en los sistemas policial y judicial han dado lugar a una situación en la que apenas se castiga una violación de cada cien: en la práctica, la criminalidad desaparece ignorándola. A medida que la población se ve obligada a pagar más impuestos para saldar deudas pasadas, y los gobiernos ofrecen menos a cambio, es muy posible que los ciudadanos lleguen a un punto en que se planteen qué es lo que obtienen a cambio de cumplir con sus deberes tributarios. Y, dado el impacto de las rentas tributarias en la «moral impositiva» –la creencia de que se obtienen cosas a cambio de sus impuestos, lo que hace que la población esté más dispuesta a reportar sus ingresos y pagar con honestidad sus impuestos– y la menor efectividad de las agencias tributarias, que son, a su vez, objetivo de los recortes de los cicateros gobiernos, no resulta irreal plantear un futuro en el que cada vez más personas hallen la manera de evadirse de la red tributaria –al igual que las élites provinciales de la Roma del siglo V– lo cual anunciaría el colapso de todo el sistema.

Tal es el futuro que podría estar esperándole a Occidente: aumento de la fragmentación política, inestabilidad creciente, ocaso de la democracia y del respeto hacia la ley y los derechos humanos, erosión de los servicios públicos y descenso del nivel de vida. Aunque no tiene por qué ser así.

NOTAS

1   Con frecuencia, las personas que se consideran a sí mismas de clase media o incluso trabajadora (cosa que ocurre con algunos profesionales que militan en sindicatos) se sorprenden cuando saben que forman parte del 1 por ciento más rico de las personas del planeta, dado que la mayoría de personas a las que conocen son como ellos. Esto revela los sesgos (conscientes o inconscientes) de nuestra forma de socializarnos: es lo que se conoce como emparejamiento selectivo. Hubo un tiempo en que el matrimonio entre clases mitigó este efecto, pero, en décadas recientes, hemos presenciado un incremento del emparejamiento selectivo entre los más pudientes, que parecen estar distanciando aún más el diez por ciento superior del resto de la sociedad.

2   [https://ourworldindata.org/grapher/disposable-household-income-by-income-decile-absolute?time=1979..latest&country=~USA].

3   La Asociación Nacional Federal de Hipotecas [Federal National Mortgage Association] y la Corporación Federal de Hipotecas de vivienda [Federal Home Loan Mortgage Corporation], conocidas, respectivamente, por los términos coloquiales de Fannie Mae y Freddie Mac.

4   [https://www.project-syndicate.org/commentary/western-sanctions-russia-oligarch-dark-money-by-daron-acemoglu-2022-03].

5   George Parker y Chris Giles, «Johnson seeks to channel FDR in push for UK revival», 29 de junio 2020 [https://www.ft.com/content/ f708ac9b-7efe-4b54-a119-ca898ad71bfa].

6   De hecho, algunos economistas se preguntan qué tiene esto de moderno, pues les parece muy similar al keynesianismo a la antigua usanza, además de hundir sus raíces en las teorías monetarias «cartalistas» de Alemania.

7   A medida que los miembros de un plan de pensiones envejecen, sus gestores deben trasladar su carpeta a inversiones seguras como los Bonos del Estado: no pueden asumir el riesgo de invertir en un posible negocio si existe el riesgo de que la inversión fracase, algo que puede corregir un gestor que maneje un fondo a largo plazo, pero que no es una opción cuando los clientes esperan un pago regular cada mes.

CONCLUSIÓN

¿La muerte del imperio?

La primavera estaba dejando paso al verano de 468 d. C. cuando Constantinopla, una vez más, acudió en defensa del Occidente romano. El emperador del Imperio romano de Occidente, Antemio, designado por Oriente, había llegado de Constantinopla un año antes con promesas de una asistencia militar de importancia. El emperador de Oriente, León I, cumplió su palabra con creces: despachó una enorme armada de 1100 naves y una fuerza combinada de 50 000 soldados y marineros, con un coste de más de 120 000 libras de oro. El destino de la expedición era el reino norteafricano de la confederación de vándalos y alanos y su objetivo primordial era eliminar una de las confederaciones que los hunos, sin querer, habían lanzado sobre territorio romano, para devolver así al control imperial las provincias occidentales más ricas.

Un resultado exitoso de la campaña no solo revigorizaría el corazón del Imperio romano de Occidente con un incremento de los ingresos, sino que pondría fin, al menos de forma temporal, a un segundo fenómeno peligroso: la creciente predisposición de los terratenientes romanos provinciales de transferir su lealtad política del centro imperial a una u otra de las confederaciones bárbaras en su seno. Con anterioridad a 468, Antemio emprendió una ofensiva diplomática al norte de los Alpes para tratar de recuperar la lealtad de las élites galas que se habían incorporado a la órbita política de los reyes visigodos y burgundios. La victoria en el norte de África, con la promesa de nuevos ingresos, y, por tanto, mayor potencia militar, facilitaría mucho a Antemio convencer a las indecisas élites occidentales que la lealtad a Roma era la mejor política en el futuro inmediato.

Por desgracia para Antemio, la expedición acabó en desastre. Los vientos adversos empujaron sus naves contra una costa rocosa, lo cual permitió a los vándalos lanzar una sucesión de ataques devastadores con brulotes. Eso fue todo. No obstante, aunque para entonces ya era demasiado tarde para revivir el Imperio de Occidente (que ya no existía), una expedición posterior logró destruir el reino vándalo en 533-534. Por lo que la misión no era del todo imposible y, de haber tenido mejor fortuna su predecesora, existía una posibilidad real de rescatar a Occidente del abismo. Aun así, no habría sido el Imperio de Occidente de antaño. La destrucción de vándalos y alanos hubiera dejado dos poderosas confederaciones bárbaras en extensiones significativas de la antigua base tributaria del imperio, Britania estaba perdida y grupos francos se estaban adentrando más allá del Rin. Sin embargo, visigodos y burgundios se habrían visto obligados a aceptar la hegemonía del centro imperial, cuyo estatus de fuerza militar y política más poderosa en su órbita habría sido restaurada de forma decisiva y las indecisas élites provinciales habrían vuelto (de forma más o menos voluntaria) a sus tradicionales lealtades. El resultado final podría haber sido una federación bajo liderazgo imperial romano, más que un imperio directo, y su política subsiguiente habría resultado compleja. En suma: en fecha tan tardía como 468 seguía existiendo una oportunidad real de insuflar nueva vida a una forma revisada del Imperio romano de Occidente.

En el momento en que este libro llega a su conclusión, el moderno Occidente todavía no se halla ante la «última oportunidad» a la que se enfrentó el Occidente romano a finales de la década de 460. Las naciones constituyentes del moderno imperio de Occidente todavía controlan abundantes recursos, pese a que estos han declinado mucho, en términos relativos, con respecto a su apogeo de finales del milenio anterior. De igual modo, nuestra comparación con el ascenso y caída del Imperio romano presenta dos ideas de claridad diáfana. La primera es que, al igual que la Antigua Roma, el moderno imperio de Occidente se enfrenta a una crisis que ha provocado él mismo, pues las operaciones de sus estructuras han estimulado el ascenso (al fin) de una verdadera potencia competidora que está a su altura, así como de nuevas y asertivas potencias en la antigua periferia imperial de Occidente. El ascenso de tales entidades, comparable a los que acontecieron en el mundo romano en los siglos IV y V, ha generado profundas brechas en el sistema imperial occidental a dos niveles, toda vez que los líderes occidentales rivales debaten cuál es la mejor manera de responder a este nuevo orden posimperial, donde una prosperidad sin precedentes para algunos depende de la erosión del nivel de vida de muchos otros.

Occidente no se halla en un momento crucial equivalente al de finales de la década de 460, pero sí que se encuentra en una situación parecida a la que afrontaron los dirigentes romanos unas pocas décadas antes, a principios del siglo V. Al igual que Roma, Occidente encara problemas financieros de una gravedad suficiente como para amenazar todo el contrato fiscal en el que se basa el orden social existente: al contrario que Roma, el actual Occidente no tiene la opción de volver a colonizar ricos territorios con los que restablecer su base de recursos. La pérdida masiva de ingresos que siguió a la desposesión del norte de África todavía no ha sucedido, si bien hasta cierto punto esto se debe a un instrumento del que no disponían los mandatarios de Roma: la deuda. Esta ha permitido a gobiernos y ciudadanos tomar prestado a expensas de futuros ingresos, lo cual significa que la crisis de ingresos solo se ha pospuesto. Aun así, el ascenso de una superpotencia competidora de su nivel, como es el caso de China, es un hecho irreversible, al igual que el surgimiento en la vieja periferia imperial de una serie de poderosas y nuevas entidades. Si la Antigua Roma pudo contener el derrumbe imperial total hasta una época muy tardía, es indudable que la trayectoria actual hacia el colapso de Occidente es igualmente reversible, siempre y cuando este acepte que no puede (y no debe) tratar de restablecer el viejo orden colonial de dominación mundial.

No obstante, una respuesta positiva a la defunción del viejo orden, que nos permita lograr el mejor desenlace posible, requerirá una serie de difíciles ajustes, además de los que ya se han hecho. En los países occidentales será necesario un debate mucho más honesto acerca del papel de la inmigración en el contexto de sus poblaciones, donde el constante envejecimiento y unos índices de natalidad que no muestran signos de remontar crearán tasas de dependencia social cada vez mayores. En el extranjero será necesario dar un trato mucho más solidario e igualitario a las potencias emergentes que comparten importantes legados culturales e institucionales con las viejas potencias de Occidente, si aspiramos a una posibilidad real de construir una nueva coalición con poder suficiente para competir con China en pie de igualdad. Estos no son los mensajes fáciles que se venden a los electorados occidentales, tales como «los inmigrantes nos quitan el trabajo» o la falsa creencia, fácil de demostrar, de que actuar en solitario —«anteponer» a Estados Unidos, al Reino Unido o Polonia— permitirá a cualquier nación occidental obtener mejores tratados comerciales con China —o con la India, para el caso—, que si actúan en bloque.

Si una nueva generación de líderes occidentales y sus electorados se muestran a la altura de tales retos y persisten en su intención de dejar a un lado el legado colonial en sus países, al tiempo que aprovechan la oportunidad para construir alianzas internacionales más inclusivas y amplias, como la reciente respuesta a la invasión rusa de Ucrania ha demostrado que son posibles (*vid.* págs. 139-140), el fin inevitable del viejo imperio occidental puede generar una serie de resultados de lo más positivo y no solo en Occidente. Refundidas para la era poscolonial, las instituciones angulares de la sociedad cohesionada del Estado nación occidental —un imperio de la ley que busque proteger todos los intereses, élites políticas que deben responder de sus actos, prensa libre, instituciones públicas eficientes e imparciales— ofrecen una mejor calidad de vida a un grupo de ciudadanos mucho más extenso que cualquier otra forma competidora de Estado. Las instituciones, sin embargo, no existen en el vacío, ni tampoco pueden mantenerse de forma artificial. Aun cuando se reconoce su valía, siguen descansando sobre equilibrios económicos y políticos de poder. Si no se da respuesta adecuada a la deuda y el contrato fiscal no evoluciona de modo que mantenga a bordo a un número suficiente de personas, entonces Occidente se enfrentará a la muerte de la nación y su reemplazo por estructuras políticas alternativas y mucho menos inclusivas.

En el pasado, cuando la estabilidad política nacional se vio amenazada, los ejecutivos de las sociedades occidentales pudieron liberar presión externalizando la explotación a la periferia. Hoy, esta opción se ha esfumado: ya solo pueden explotar a sus ciudadanos. Por tanto, para que los países occidentales reduzcan sus tensiones internas, parece ineludible que sus ciudadanos más pudientes, en particular el 10 por ciento que más se benefició de la globalización de las últimas décadas, tendrán que aportar recursos para construir un nuevo tipo de modelo sociopolítico funcional, dada la falta de grandes flujos de riqueza llegados de fuera. La pandemia de COVID-19, que obligó a todos a hacer sacrificios por el bien de la minoría más vulnerable de la sociedad, además de generar un mayor reconocimiento a las contribuciones sociales y económicas de los trabajadores esenciales peor retribuidos, suscitó un animado debate en torno a las políticas que deberían seguirse para reconstruir la cohesión social de Occidente. Sin embargo, para que alguna de estas funcione, las sociedades occidentales tendrán que hacer algo más que salir a la calle a aplaudir. Los posibles elementos del nuevo contrato fiscal incluirían quitas de deuda (en particular del endeudamiento estudiantil), una renta universal básica que garantice a todo el mundo unas condiciones de vida más generosas, políticas de fomento de construcción de vivienda para ampliar el acceso a alojamiento asequible y quizá incrementar los impuestos a la riqueza, no a los ingresos. Esto tampoco será fácil, en particular porque los más pudientes ejercen una honda influencia dentro del sistema político. Pero, además del hecho de que los tributos a la riqueza se dirigen a los que están en mejor disposición de pagar, también pueden contribuir a insuflar nuevas energías a la economía: al premiar a quienes inviertan su riqueza en la creación de nuevos ingresos y penalizar a quienes se limiten a acumular más riqueza, en forma de especulación inmobiliaria o de superyates, los gravámenes a la riqueza pueden reorientar el dinero hacia usos más productivos. Es probable que tales cambios deban ir acompañados, al menos en ciertos países, de medidas de reducción de la precariedad laboral, con el reforzamiento de las leyes laborales laxas, como la que en 2022 permitió a un operador de ferris británico reemplazar su plantilla por empleados más baratos pagando la multa máxima que se le podía imponer al despedirlos ilegalmente sin preaviso; a continuación se desgravó las multas como gastos de negocios. Junto con empleo más seguro, salarios mínimos aceptables, educación gratuita y generosos planes de formación profesional con los que los empleados puedan obtener un sueldo digno mientras se preparan para el cambiante mercado laboral, lo cual cabe aducir que, además de construir una mayor cohesión social, también crearía unas empresas más productivas (un modelo no muy diferente a un sistema que ya existe: el escandinavo).

De igual modo, el reequilibrio del contrato fiscal en aras de reducir la trayectoria hacia la división social requerirá más cooperación internacional, no menos. Una manera excelente de empezar serían unos tratados fiscales internacionales dirigidos a suprimir la evasión de impuestos en paraísos fiscales, que hoy se estima que acogen más de 7 billones de dólares de oligarcas, así como reducir la «ingeniería fiscal» de multinacionales y ricos, que utilizan complejas estructuras o buscan países de baja tributación donde refugiar su riqueza e ingresos, lo que dificulta a sus países de origen encontrarlos y recaudarles impuestos. Algo de esto ya ha comenzado. Se estima que la declaración internacional de la OCDE de 2021 acerca de tasas globales mínimas, en la cual 130 países se comprometieron a cargar impuestos de empresa no inferiores al 15 por ciento, podría proporcionar cada año a los gobiernos del mundo 150 000 millones de dólares de ingresos adicionales.*

A su vez, los tratados internacionales para la reducción de gases de efecto invernadero y un Nuevo Pacto Verde [Green New Deal] podrían prevenir una carrera hacia al abismo de emisiones de carbono, lo cual garantizaría a las generaciones más jóvenes un futuro habitable. Esto podría combinarse con un régimen global de impuestos sobre la emisión de dióxido de carbono, en particular si se empareja con un plan de dividendos que distribuya la recaudación de dicho impuesto entre la población general. Esto obtendría mayor respaldo de los que suelen sentirse más perjudicados por las políticas medioambientales: la clase trabajadora. Al imponer costes a los que más contaminan (los ricos) y distribuir de forma igualitaria los dividendos, semejante plan aportaría una compensación adecuada a

---

* N. del E.: A modo de ejemplo para España, la Agencia Tributaria recaudó (o recuperó) en 2022 un total de 16 675 millones de euros en fraude de grandes empresas y patrimonios, un 1,3 por ciento menos que en 2021, según datos oficiales difundidos el 1 de agosto de 2023. [https://www.hacienda.gob.es].

las personas en el extremo inferior de la escala de ingresos globales. Finalmente, los países occidentales deberán, sin duda, reformar sus sistemas de pensiones con el fin de restablecer su viabilidad a largo plazo –posponer la edad de jubilación, por ejemplo, como alternativa a la reducción de retribuciones–, dado que fueron creadas en una era en la que nadie preveía que la gente pudiera pasar tanto tiempo jubilada como trabajando.

No será sencillo lograr ninguna de estas decisiones necesarias. Sin embargo, sea lo que sea lo que ocurra, Occidente ya no puede hacerse grande de nuevo como lo fue en los siglos XIX o XX. Las estructuras fundamentales de la economía mundial han experimentado un cambio demasiado profundo para que tal cosa sea posible y algunos de sus líderes necesitan dejar de pretender que pueda ser de otro modo. Es más, si reconocemos con honestidad la violencia y explotación sobre las que se construyó el moderno imperio de Occidente, nadie debería llorar su defunción. Los ciudadanos de la periferia en ascenso aceptarán con mucha más facilidad un nuevo orden mundial si su progreso material deja de ser visto como una amenaza y es, por el contrario, bien recibido y alentado. De ese modo, es menos probable que los aspectos más vergonzosos del pasado colonial oscurezcan el hecho de que la sociedad occidental logró resolver sus conflictos internos mediante un modelo consensuado de organización sociopolítica que ofrecía más, a un número mayor de ciudadanos, que ningún otro sistema rival: no solo en relación con la prosperidad económica, sino de libertades individuales y los derechos políticos y legales que con tanta facilidad se dan por descontado, pero que, en realidad, han sido tan raros durante la mayor parte de la historia de la humanidad.

Si los ciudadanos de los países occidentales son capaces de comprender los desafíos a los que se enfrentan y resuelven los inevitables y divisivos debates de un modo democrático, que proporcione al conjunto de la ciudadanía un sentimiento de inclusión y de justicia, y si pueden hacerlo de una forma que permita a los ciudadanos de los Estados de la periferia en ascenso creer que a ellos también se les ofrece participar en un futuro más igualitario dentro de un sistema general basado en valores compartidos, los beneficios potenciales son colosales. El Estado nación occidental –en origen

edificado sobre flujos de riqueza extraídos del resto del planeta—
no solo logrará superar un momento de crisis existencial, sino que
generará un legado poscolonial de auténtica grandeza y del que sus
ciudadanos se sentirán genuinamente orgullosos.

Lecturas complementarias

INTRODUCCIÓN

La obra maestra de Edward Gibbon está disponible, publicada por Penguin, tanto en edición completa como abreviada. [Gibbon fue traducido al español por primera vez en 1843 como *Historia de la decadencia y ruina del Imperio Romano*, J. Mor de Fuentes (trad.), Antonio Bergner de las Casas y Cía., Barcelona. Desde entonces, la traducción de Mor ha sido reeditada en varias ocasiones. La más reciente, en dos volúmenes, es la de José Sánchez de León Menduiña, de Ediciones Atalanta, 2011. Existen otras traducciones, basadas en la obra completa o abreviada, de Carmen Francí (2000), José Sánchez de León (2012), y F. Pedrosa y C. Sanz (2023)]. Las consideraciones de Peter Heather acerca del primer milenio se abordan a fondo, con toda la parafernalia erudita, en *Empires and Barbarians: Migration, Development, and the Birth of Europe* (London, Macmillan, 2009) [edición en español: *Emperadores y bárbaros. El primer milenio de la historia de Europa*, T. de Lozoya y J. Rabasseda-Gascón (trads.), Barcelona, Crítica, 2018]. John Rapley reflexiona acerca de la globalización contemporánea y los ciclos profundos de ascenso y caída de los regímenes en *Globalization and Inequality* (London, Lynne Rienner, 2004), lo que da así inicio a una conversación con Peter Heather en torno a los paralelismos entre lo antiguo y lo moderno.

1. UNA FIESTA COMO LA DE 399…

Toda la poesía de Claudiano puede leerse en la edición bilingüe de Maurice Platnauer, *The Works of Claudian*, Loeb (London, Heinemann, 1922) [edición en español: Claudio Claudiano, *Poemas*, 2 vols., M. Castillo Bejarano (ed.), Madrid, Gredos, 1993]; la corte para la que trabajaba Alan Cameron la evoca con brillantez en *Claudian: Poetry and Propaganda at the Court of Honorius* (Oxford, Clarendon Press, 1970). Un relato clásico de la vieja interpretación ortodoxa de la caída del Bajo Imperio romano es el libro de M. Rostovtzeff, *The Social and Economic History of the Roman Empire*, 2.ª ed., P. Fraser (rev.) (Oxford, Clarendon Press, 1957) [edición en español: *Historia social y económica del Imperio romano*, L. López Ballesteros (trad.), Madrid, Espasa Calpe, 1937. Ha sido reeditada en varias ocasiones: 1962, 1973, 1981 o en bolsillo en 1998].

El arqueólogo de la Siria tardorromana fue G. Tchalenko, *Villages antiques de la Syrie du Nord* (Paris, P. Geuthner, 1953-1958). Por su parte, Bryan Ward-Perkins, en *The Fall of Rome and the End of Civilisation* (Oxford, Oxford University Press, 2005) [edición en español: *La caída de Roma y el fin de la civilización*, M. Cuesta y D. Hernández de la Fuente (trads.), Madrid, Espasa-Calpe, 2007], presenta una elocuente síntesis de las pruebas de la prosperidad económica tardorromana. Los muchos trabajos de Peter Brown –*vid*., en particular, *The Rise of Western Christendom*, 3.ª ed. rev. (Oxford, Blackwell, 2013)– nos ofrecen un brillante paseo por la efervescencia cultural del Bajo Imperio y más allá. El reporte del exfuncionario civil británico acerca de las estructuras de su gobierno figura en la obra de A. H. M. Jones, *The Later Roman Empire: A Social Economic and Administrative Survey*, 3 vols. (Oxford, Blackwell, 1964).

Existe entre los historiadores modernos una prolongada tradición de paralelismos con Roma, con algunos clásicos, que, para bien o para mal, siguen teniendo amplias audiencias, como *A Study of History* de Arnold Toynbee, publicado entre 1934 y 1961, [existen varias ediciones en español, por ejemplo, la de Editorial Emecé entre 1953 y 1963, L. Grasset y L. Alberto Bixio (trads.), transformada en formato de bolsillo por Alianza Editorial y en coleccionable de quiosco por Altaya] y Oswald Spengler *Decline of the West* [existen numerosas ediciones en español, la primera de 1923 (*La decadencia de Occidente. Bosquejo de una morfología de la historia universal*, M. G. Morente (trad.), Madrid, Espasa-Calpe, 1923)]. Los comentaristas políticos, en particular los estadounidenses y europeos de la derecha política, han mostrado un particular interés por la idea del colapso de la civilización y el embate de la barbarie, pese a que en su mayor parte es sensacionalista o está mal documentada. No obstante, existe un ensayo pionero que –también en este caso, para bien o para mal– ha influido en el pensamiento de política exterior en épocas recientes: el trabajo de Robert Kaplan, «The Coming Anarchy», el cual tiene su origen en un ensayo en *The Atlantic* (febrero de 1994) convertido más tarde en libro (New York, Random House, 2000) [edición en español: *La anarquía que viene. La destrucción de los sueños de la posguerra fría*, J. Cotrina Vidal (trad.), Barcelona, Ediciones B, 2000].

Los datos de las economías mundiales contemporáneas proceden del *World Development Indicators* del Banco Mundial, una de las bases de datos más serias y accesibles de las disponibles en la actualidad. La fuente estándar de las estimaciones históricas de producto nacional bruto e ingresos por cápita está en la base de datos compilada por Angus Maddison, alojada en la actualidad en [https://www.rug.nl/ggdc/historicaldevelopment/maddison/releases/maddison-project-database-2020?lang=en].

2. IMPERIO Y ENRIQUECIMIENTO

El *Mosella* de Ausonio ha sido traducido (también en versión bilingüe, latín-inglés) por H. G. Evelyn White, en *The Works of Ausonius*, Loeb, vol. 2 (London, Heinemann, 1961), que adjunta, para mayor comodidad, la mordaz réplica de Símaco [ediciones en español: Décimo Magno Ausonio, *Obras*, vol. II, A. Alvar Ezquerra (trad. y notas), Madrid, Gredos, 1990; Símaco, *Cartas*, libros I-V, J. A. Valdés Gallego (trad., intro. y notas), Madrid, Gredos, 2000]. La evolución cultural que produjo a ambos autores se evoca con brillantez en las obras de G. Woolf, *Becoming Roman: The Origins of Provincial Civilization in Gaul* (Cambridge, Cambridge University Press, 1988) y R. A. Kaster, *Guardians of Language: The Grammarian and Society in Late Antiquity* (Berkeley, University of California Press, 1988). El mejor estudio del mundo cortesano en el que se movían es el de J. F. Matthews, *Western Aristocracies and Imperial Court A.D. 364-425* (Oxford, Clarendon Press, 1975). Los fascinantes resultados de las campañas arqueológicas de finales del siglo XX han sido resumidas, entre otros, por T. Lewitt, *Agricultural Production in the Roman Economy A.D. 200-400* (Oxford, BAR Publishing, 1991), con reflexiones adicionales en C. Wickham, *Framing the early Middle Ages: Europe and the Mediterranean 400-800* (Oxford, Oxford University Press, 2005) [edición en español: *Una historia nueva de la Alta Edad Media. Europa y el mundo mediterráneo, 400-800*, T. Fernández Aúz y B. Eguibar (trads.), Barcelona, Crítica, 2016]. El comentario del siglo IV acerca de la irrelevancia política de Roma procede de la cuarta oración (al emperador de oriente Constancio II) de Temistio. La obra de P. J. Heather y D. Moncur, *Politics, Philosophy, and Empire in the Fourth Century: Select Orations of Themistius*, textos traducidos para historiadores (Liverpool, Liverpool University Press, 2001) incluye una traducción completa de esta oración [edición en español: Temistio, *Discursos políticos*, J. Ritoré Ponce (trad.), Madrid, Gredos, 2000].

Los orígenes del moderno capitalismo siguen siendo tema de considerable debate, por no mencionar la gran curiosidad que suscita el aparente enigma de sus orígenes (tal y como lo conocemos) en Europa. En *Guns, Germs and Steel: The Fates of Human Societies* (New York, W.W. Norton, 1997) [edición en español: *Armas, gérmenes y acero. Breve historia de la humanidad en los últimos 13 000 años*, F. Chueca (trad.), Barcelona, Debate, 2012], Jared Diamond presenta un argumento muy discutido que atribuye los orígenes y la expansión del capitalismo a factores medioambientales. Eric Jones suma los factores políticos a los ambientales en *The European Miracle: Environments, Economies and Geopolitics in the History of Europe and Asia* (Cambridge, Cambridge University Press, 1981) [edición en español: *El milagro europeo: entorno, economía y geopolítica en la historia de Europa y Asia*, M. Pascual Morales (trad.), Madrid, Alianza, 1994], un libro que puede leerse en fructífero tándem con el trabajo de Justin Yifu Lin, que nos explica por qué el capitalismo no se originó en la China imperial. En «The Needham Puzzle: Why the Industrial Revolution Did Not Originate in China», *Economic Development and Cultural Change*, vol. 43, n.º 2 (enero de 1995), 269-292, Yifu Lin presenta el interesante argumento de que el sistema de exámenes de selección del funcionariado chino animó a los jóvenes ambiciosos a dejar la industria y hacer carrera en la burocracia. Sin embargo, puede que la síntesis más influyente de los orígenes institucionales del capitalismo siga siendo la obra de Daron Acemoğlu y James Robinson, *Why Nations Fail* (New York, Random House, 2012) [edición en español: *Por qué fracasan los países*, M. García Madera (trad.), Barcelona, Deusto, 2012]. En relación con el capitalismo temprano de Italia, un buen estudio de caso es el de Frederic C. Lane, *Venice: A Maritime Republic* (Baltimore, Johns Hopkins University Press, 1973). La historia familiar de los Vanderbilt puede reconstruirse con la base de datos [https://longislandsurnames.com]. Un buen libro acerca de la gran migración europea a caballo de los siglos XIX y XX es del de Tara Zahra, *The Great Departure: Mass Migration from Eastern Europe and the Making of the Free World* (New York, W. W. Norton, 2016).

3. AL ESTE DEL RIN, AL NORTE DEL DANUBIO

Acerca del establecimiento de la línea fronteriza de Roma y el desarrollo económico del mundo no romano que vino después, *vid.* P. J. Heather, *Empires and Barbarians: Migration, Development, and the Birth of Europe* (London, Macmillan, 2009) [edición en español: *Emperadores y bárbaros. El primer milenio de la historia de Europa*, T. de Lozoya y J. Rabasseda-Gascón (trads.), Barcelona, Crítica, 2018], en especial el Capítulo 2, basado en una plétora de estudios y análisis arqueológicos; no le va a la zaga el maravilloso volumen de Lotte Headeager, *Iron-Age Societies: From Tribe to State in Northern Europe, 500 BC to AD 700*, J. Hines (trad.) (Oxford, Blackwell, 1992). Una buena introducción al mundo de la Europa «exterior» intacta por el ascenso (y caída) de Roma es P. M. Dolukhanov, *The Early Slavs: Eastern Europe from the initial Settlement to the Kievan Rus* (Harlow, Longman, 1996). La obra de P. J. Heather y J. F. Matthews hace una síntesis de las evidencias arqueológicas de los tervingios del siglo IV. *Vid. The Goths in the Fourth Century*, colección Translated Texts for Historians (Liverpool, Liverpool University Press, 1991), Capítulo 2. Acerca de las rutas del ámbar de la Antigüedad, *vid.*, por ejemplo, A. Spekke, *The Ancient Amber Routes and the Geographical Discovery of the Eastern Baltic* (Chicago, Ares, 1976).

La historia de la vida de Jamsetji Tata está en el libro de F. R. Harris, *Jamsetji Nusserwanji Tata: A Chronicle of His Life* (Mumbai, Blackie & Son, 1958), obra que puede leerse en paralelo con el estudio de S. M. Rutnagar acerca de la comunidad de negocios de Bombay de la época de Tata, *The Bombay Cotton Mills: A Review of the Progress of the Textile Industry in Bombay from 1850 to 1926 and the Present Constitution, Management and Financial Position of the Spinning and Weaving Factories* (Mumbai, Indian textile journal, 1927). La evolución de la periferia global contemporánea se aborda en John Rapley, *Understanding Development: Theory and Practice in the Third World*, 3.ª ed. (Boulder, Lynne Rienner, 2006), mientras que la obra del mismo autor *Ivoirien Capitalism: African Entrepreneurs in Côte d'Ivoire* (Boulder, Lynne Rienner, 1993) da una visión más detallada al capitalismo colonial. Para una fascinante visión de lo muy delgada que era la capa del colonialismo en la periferia externa, el diario del funcionario colonial francés Robert Delavignette, *Freedom and Authority in French West Africa* (London, International African Institute, 1950) es una agradable lectura. De igual modo, en relación con la India, Angus Maddison, en *Class Structure and Economic Growth: India and Pakistan since the Moghuls* (London, Routledge, 1971) revela el grado de dependencia casi total de la administración británica con respecto a los agentes locales.

4. EL PODER DEL DINERO

Las historias de Chonodomario y Macriano fueron narradas por el historiador romano Amiano Marcelino, con traducción íntegra (en edición bilingüe, inglés-latín) de J. C. Rolfe, *Ammianus Marcellinus*, Loeb (London, Heinemann, 1935-1939); la traducción de Penguin Classsics, por lo demás excelente, omite por desgracia algunos de los capítulos relativos a Macriano [ediciones en español: Amiano Marcelino, *Historia*, M.ª L. Harto Trujillo (trad.), Madrid, Akal, 2002; Amiano Marcelino, *Historias, I. Libros XIV-XIX*, C. Castillo García, C. Alonso del Real Montes y Á. Sánchez-Ostiz Gutiérrez (trad. y notas), Madrid, Gredos, 2010]. El libro de John Drinkwater, *The Alamanni and Rome 213-496* (Oxford, Oxford University Press, 2007), sin dejar de ser una lectura valiosa, se esfuerza demasiado –en contra de numerosas pruebas– por negar que los alamanes constituyeran ninguna amenaza: P. J. Heather «The Gallic War of Julian Caesar», en H.-U. Wiemer y S. Rebenich (eds.), *A Companion to Julian the Apostate* (Leiden, Brill, 2020). Acerca de la confederación goda de los tervingios, *vid.* P. J. Heather, *Goths and Romans 332-489* (Oxford, Clarendon Press, 1991). Dennis Green, *Language and History in the Early Germanic World* (Cambridge, Cambridge University Press, 1998) glosa las pruebas lingüísticas de la militarización del liderazgo del mundo germanoparlante. De nuevo Lotte Hedeager (*vid.* las lecturas complementarias del Capítulo 3) acerca de los asombrosos depósitos de armas del periodo tardorromano.

El despertar político de la clase de negocios de la India y su gradual apoyo al movimiento nacionalista, lo trata Claude Markovits en *Indian Business and Nationalist Politics, 1931-1939* (Cambridge, Cambridge University Press, 1985), 32. El movimiento general de descolonización y el surgimiento de lo que se denominaría tercer mundo se detalla en John Rapley, *Understanding Development: Theory and Practice in the Third World* (Boulder, Lynne Rienner, 2006). Benn Steil proporciona una entretenida visión de la creación del sistema de posguerra de Bretton Woods, centrado en el debate entre sus dos grandes arquitectos, en *The Battle of Bretton Woods: John Maynard Keynes, Harry Dexter White, and the Making of a New World Order* (Princeton, Princeton University Press, 2013) [edición en español: *La batalla de Bretton Woods: John Maynard Keynes, Harry Dexter White y cómo se fraguó un nuevo orden mundial*, I. Barbeitos (trad.), Barcelona, Deusto, 2016], mientras que su elaboración completa se explica en el Capítulo 12 del libro de John Rapley, *Twilight of the Money Gods* (London, Simon & Schuster, 2017). La rápida decadencia de la libra esterlina como moneda de reserva mundial y el surgimiento del orden global del dólar se detalla en Barry Eichengreen, Livia Chiţu y Arnaud Mehl, «Stability or Upheaval? The Currency Composition of International Reserves in the Long Run», *European Central Bank Working Paper Series*, n.º 1715, agosto de 2014. Finalmente, entre toda la literatura acerca del golpe de Chile, ningún lugar mejor donde empezar que con el memorando de la CIA titulado, sin más, «The Soviets Abandon Allende». Puede consultarse en [https://www.cia.gov/library/readingroom/docs/DOC_0000307740.pdf].

5. TODO SE DERRUMBA

La visión de Peter Heather acerca del fin del sistema imperial del Occidente romano se presenta con mayor detalle en *The Fall of the Roman Empire: A New History of Rome and the Barbarians* (London, Macmillan, 2005) [edición en español: *La caída del Imperio romano*, T. Fernández Aúz y B. Eguibar (trads.), Barcelona, Crítica, 2006]. Podemos ver explicaciones alternativas que atribuyen menos peso al elemento bárbaro (aunque sin negarlo) en, por ejemplo, Walter Goffart, «Rome, Constantinople, and the Barbarians in Late Antiquity», *American Historical Review* 76 (1981), 275-306; Guy Halsall, *Barbarian Migrations and the Roman West 376-568* (Cambridge, Cambridge University Press, 2007) [edición en español: *Las migraciones bárbaras y el occidente romano, 376-568*, R. González Arévalo (trad.), Valencia, Publicacions Universitat de València]; y Michael Kulikowski, *Imperial Tragedy: From Constantine's Empire to the Destruction of Roman Italy (AD 363-568)* (London, Profile Books, 2019). Acerca de los cambios geoestratégicos provocados por la reubicación del centro imperial al norte de Europa, *vid.* P. J. Heather, *Empires and Barbarians: Migration, Development, and the Birth of Europe* (London, Macmillan, 2009) [edición en español: *Emperadores y bárbaros. El primer milenio de la historia de Europa*, T. de Lozoya y J. Rabasseda-Gascón (trads.), Barcelona, Crítica, 2018], así como Chris Wickham, *Framing the Early Middle Ages: Europe and the Mediterranean 400-800* (Oxford, Oxford University Press, 2005) [edición en español: *Una historia nueva de la Alta Edad Media. Europa y el mundo mediterráneo, 400-800*, T. Fernández Aúz y B. Eguibar (trads.), Barcelona, Crítica, 2016]. Los mejores relatos de las guerras con Persia y el ascenso del islam que dejaron al Imperio romano de Oriente reducido a Bizancio son las obras de James Howard-Johnston, *The Last Great War of Antiquity* (Oxford, Oxford University Press, 2021), Mark Whittow, *The Making of Orthodox Byzantium, 600-1025* (London, Red Globe Press, 1996) y John Haldon, *Byzantium in the Seventh Century: The Transformation of a Culture* (Cambridge, Cambridge University Press, 1990). Las cartas de Sidonio Apolinar pueden leerse en la traducción (en edición bilingüe, latín-inglés) de W. B. Anderson, *Sidonius Apollinaris Poems & Letters*, Loeb (London, Heinemann, 1936-1965).

6. LAS INVASIONES BÁRBARAS

Una excelente introducción a las visiones más antiguas de la conquista anglosajona del norte de Britania y por qué es necesaria su revisión, es la obra de Simon Esmonde-Cleary, *The Ending of Roman Britain* (London, Batsford, 1989, reeditado en múltiples ocasiones). P. J. Heather, *Empires and Barbarians: Migration, Development, and the Birth of Europe* (London, Macmillan, 2009) [edición en español: *Emperadores y bárbaros. El primer milenio de la historia de Europa*, T. de Lozoya y J. Rabasseda-Gascón (trads.), Barcelona, Crítica, 2018] Capítulo 6, presenta una reconstrucción narrativa más completa. Acerca de la drástica simplificación de la cultura material de la Britania posromana, *vid.* Bryan Ward-Perkins, *The Fall of Rome and the End of Civilization* (Oxford, Oxford University Press, 2005) [edición en español: *La caída de Roma y el fin de la civilización*, M. Cuesta y D. Hernández de la Fuente (trads.), Madrid, Espasa, 2007] y Ellen Swift, *The End of the Western Roman Empire: An Archaeological Investigation* (Stroud, Tempus, 2000). Los diversos ensayos publicados en P. Porena y Y. Rivière (eds.), *Expropriations et confiscations dans les royaumes barbares: une approche régionale* (Roma, École Française de Rome, 2012), proporcionan un importante correctivo a la visión de color de rosa de Walter Goffart, *Barbarians and Romans AD 418-584: The Techniques of Accommodation* (Princeton, Princeton University Press, 1980), acerca de la toma de tierras por parte de los bárbaros.

La teoría conspirativa del «gran reemplazo» que tanto éxito ha tenido entre la extrema derecha remonta sus orígenes al libro de 2011 de igual título de Renaud Camus, si bien su primera inspiración procede de una novela distópica de 1973, también de un autor francés, Jean Raspail, que fue traducida al inglés como *The Camp of the Saints* [edición en español: *El campamento de los santos*, Barcelona, Ojeda, 2003]. En [https://www.oecd.org/els/family/47710686.pdf] puede consultarse un útil registro de la demografía actual de los países de la OCDE. Existe una literatura muy abundante que evalúa el impacto económico de la inmigración, tanto la legal como la ilegal, en las sociedades occidentales, aunque un buen punto de partida podría ser Florence Jaumotte, Ksenia Koloskova, y Sweta C. Saxena, *Impact of Migration on Income Levels in Advanced Economies* (Washington, D.C., International

Monetary Fund, 2016); Gordon H. Hanson, *The Economic Logic of Illegal Immigration* (New York, Council on Foreign Relations, 2007) y David K. Androff *et al.*, «Fear *vs.* Facts: Examining the Economic Impact of Undocumented Immigrants in the U.S.», *Journal of Sociology and Social Welfare* 39, 4 (diciembre de 2012). Finalmente, de toda la extensa literatura en torno al declive de la productividad laboral de las sociedades occidentales, quizá el estudio más acreditado (aunque centrado en Estados Unidos) sigue siendo el de Robert J. Gordon, *The Rise and Fall of American Growth* (Princeton, Princeton University Press, 2016), del cual un breve y útil complemento sería el libro de Tyler Cowen *The Great Stagnation* (New York, Penguin, 2011).

7. EL PODER Y LA PERIFERIA

Los efectos de las pérdidas progresivas de la base tributaria del sistema imperial romano de Occidente se examinan en P. J. Heather, *The Fall of the Roman Empire: A New History of Rome and the Barbarians* (London, Macmillan, 2005) [edición en español: *La caída del Imperio romano*, T. Fernández Aúz y B. Eguibar (trads.), Barcelona, Crítica, 2006], Capítulo 4 y siguientes. Acerca de la destructiva conflagración mundial entre la Roma oriental y la Persia sasánida, *vid.* James Howard-Johnston, *The Last Great War of Antiquity* (Oxford, Oxford University Press, 2021), así como, junto con muchas otras posibilidades, la excelente obra de Hugh Kennedy *The Great Arab Conquests: How the Spread of Islam Changed the World We Live In* (London, Wiley, 2007) [edición en español: *Las grandes conquistas árabes*, L. Noriega (trad.), Barcelona, Crítica, 2007] acerca de la era de expansión islámica que desencadenó. La obra de Peter Brown *The Rise of Western Christendom*, 3.ª ed. rev. (Oxford, Blackwell, 2013) es una maravillosa introducción a la transmisión de los elementos de la cultura romana clásica al mundo posromano.

El ascenso y propagación del neoliberalismo se trata con detalle en John Rapley, *Globalization and Inequality: Neoliberalism's Downward Spiral* (London, Lynne Rienner, 2004), mientras que su impacto sobre el mundo en desarrollo recibe extensa cobertura en John Rapley, *Understanding Development* (London, Lynne Rienner, 2006). La tesis de Francis Fukuyama acerca del fin de la historia, en origen escrito como un ensayo, fue convertido en 1992 en un libro titulado *The End of History and the Last Man*. [El libro fue traducido de inmediato al español: *El fin de la Historia y el último hombre*, P. Elías (trad.), Barcelona, Planeta, 1992, y desde entonces se ha reeditado en varias ocasiones]. La teoría de la trampa de Tucídides fue planteada por primera vez por el gran estudioso de las relaciones internacionales Graham Allison, en un ensayo publicado en 2012 en *Financial Times*, si bien lo amplió más tarde en su libro de 2017 titulado *Destined for War: Can America and China Escape Thucydides's Trap?* (Melbourne, Scribe). Finalmente, el artículo de Boris Johnson, «Africa is a Mess», que ha pasado a formar parte de los anales de la infamia, fue publicado en 2002 en *The Spectator* y puede consultarse en la página web de la revista.

8. ¿LA MUERTE DE LA NACIÓN?

La visión de Peter Heather acerca del contrato fiscal que constituía el corazón del sistema imperial romano y la integración y disidencia política en su seno se explora con mayor detalle en *Rome Resurgent: War and Society in the Age of Justinian* (Oxford, Oxford University Press, 2017), Capítulos 1 y 2. Existen numerosos y maravillosos relatos de la revuelta campesina, pero el brillante trabajo de Rodney Hilton, *Bond Men Made Free: Medieval Peasant Movements and the English Rising of 1381* (London, Routledge, 1988, y en muchas otras ediciones) [edición en español: *Siervos liberados. Los movimientos campesinos medievales y el levantamiento inglés de 1381*, A. Martínez Benito (trad.), Madrid, Siglo XXI, 2020] es un gran lugar por donde empezar.

El efecto del ascenso de la periferia moderna sobre el cambio de dirección de los flujos de recursos que contribuyeron al enriquecimiento de Occidente se explora en John Rapley, *Twilight of the Money Gods* (London, Simon & Schuster, 2017). El fenómeno de la erosión del Estado que da lugar a tipos informales de gobernanza se plantea en John Rapley, «The New Middle Ages», *Foreign Affairs* (2016). Con respecto al ascenso del 1 por ciento global y la composición del 10 por ciento de la cúspide, nada mejor que leer la obra del autor de referencia, Branko Milanović, que ha publicado varios libros del tema de la desigualdad global, de los cuales se debería empezar por *Haves and Have Nots* (New York, Basic Books, 2007) [edición en español: *Los que tienen y los que no tienen*, F. Muñoz de Bustillo Llorente (trad.), Madrid, Alianza, 2012]. Otro recurso de utilidad es el informe anual *Global Wealth Report* publicado por Credit Suisse, donde el curioso lector podrá averiguar a qué parte de la oligarquía global pertenece.

CONCLUSIÓN

La significación de la armada bizantina de 468 se explora con más detalle en P. J. Heather, *The Fall of the Roman Empire: A New History of Rome and the Barbarians* (London, Macmillan, 2005) [edición en español: *La caída del Imperio romano*, T. Fernández Aúz y B. Eguibar (trads.), Barcelona, Crítica, 2006], Capítulos 8 y 9. Podría no haber fracasado, como demuestra el éxito triunfal de la expedición de Justiniano de 532: *vid.*, P. J. Heather, *Rome Resurgent: War and Society in the Age of Justinian* (Oxford, Oxford University Press, 2017), Capítulo 5.

Índice analítico

«Solo se puede destruir
a una gran nación
cuando ella misma
se ha destruido interiormente».

La caída del Imperio romano,
película de Anthony Mann de 1964